NCS를 기반으로 하는 서양조리 실무

WESTERN CUISINE

이흥구 지음

다이어리R

머리말

경제성장에 따른 삶의 질적 향상으로 다양한 문화적 욕구를 추구하게 되면서 외식문화의 비중이 날로 커지고 있다.

이러한 외식문화 발전은 단순히 일상의 먹는 행위를 넘어 몸의 건강은 물론 삶의 가치의 일부분으로서의 역할을 하게 되었다.

이는 호텔은 물론 다양한 외식업체의 성장으로 이어지면서 음식문화의 다양화와 양적·질적인 성장을 이룰 수 있게 하였다.

외식문화의 성장 이면에는 대내외적으로 많은 역할과 작용이 있었지만 그 안에는 묵묵히 본인의 자리에서 책임을 맡고 있는 요리사들의 역할이 컸다고 할 수 있다. 앞으로 보다 더 의식 있고, 자질 있는 요리사의 육성이 필요한 시대의 요구에 맞춰 조리사의 길을 걷고자 하는 학생들은 물론 일반인들에게 그 어느 때보다 체계적인 교재가 절실하게 요구되는 시점이라 할 수 있다.

이 책의 구성은 NCS의 이해 및 서양요리의 개요와 조리의 이해, 기본조리의 방법, 주방의 안전관리, 주방에서 사용되는 설비와 기구, 서양조리 식재료의 이해, 그리고 서양조리 실기로 이루어졌다.

이론적인 부문에서는 NCS의 이해와 요리사 생활에서 알아야 할 주방관리이론에 접근하였고 양식조리의 스톡, 소스, 수프, 전채요리, 샐러드, 어패류조리, 육류조리, 양식파스타조리, 달걀조리 및 기타요리로 구성하였다.

현장교육의 경험을 바탕으로 쓰인 기본 이론과 양식조리기능사 자격시험의 기본이 되는 요리항목을 서양요리의 변화 흐름에 맞추어 구성하였기에 자격증을 준비하시는 분이나 조리학을 공부하는 학생들에게 도움이 될 것으로 생각합니다.

이 책이 나오기까지 도움을 아끼지 않으신 다이어리알의 이태희님께 감사드리며 아낌없는 격려와 조언을 해주신 많은 분들께 깊은 감사를 드립니다.

저자 **이홍구** 드림

COTENTS

NCS를 기반으로 하는
서양조리 실무
WESTERN CUISINE

PART 1
이론편

V. 식재료의 이해

COTENTS

NCS를 기반으로 하는
서양조리 실무
WESTERN CUISINE

PART 2
실기편

COTENTS

NCS를 기반으로 하는
서양조리 실무
WESTERN CUISINE

PART 2
실기편

NCS의 이해

국가직무능력표준
NCS, National Competency Standards

국가직무능력표준(NCS, National Competency Standards)은 산업현장에서 직무를 수행하기 위해 요구되는 지식기술태도 등의 내용을 국가가 체계화한 것을 말한다.

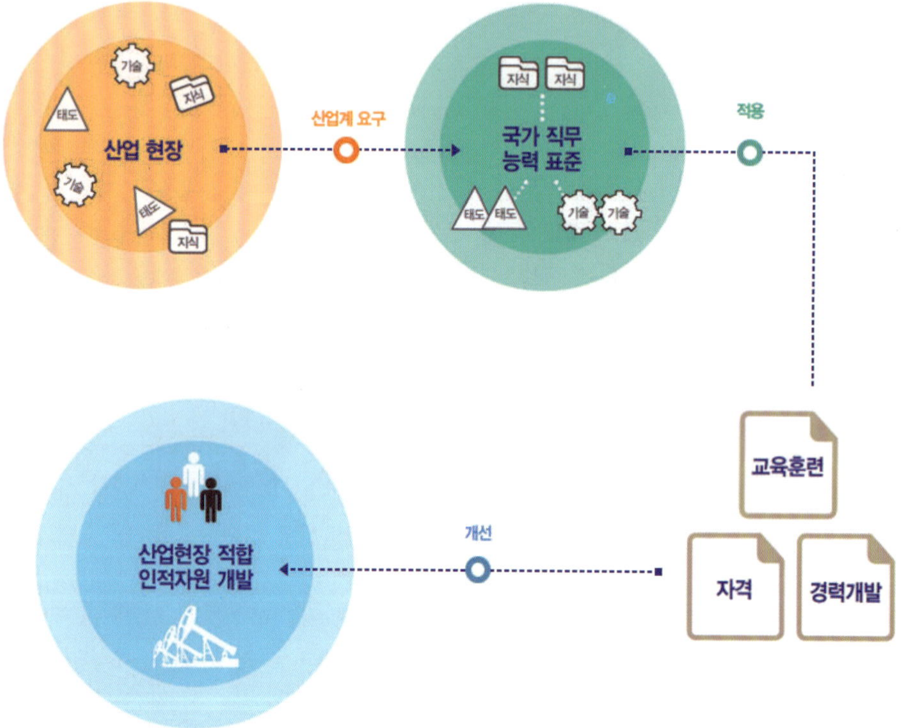

직무능력 일을 할 수 있는 ON- spec인 능력

- 직업인으로서 기본적으로 갖추어야 할 공동 능력
- 해당 직무를 수행하는데 필요한 역량(지식, 기술, 태도)

NCS능력단위

- 직무는 국가직무능력표준 분류의 세분류를 의미하고, 원칙상 세분류 단위에서 표준이 개발된다.
- 능력단위는 국가직무능력표준 분류의 하위단위로서 국가직무능력표준의 기본 구성요소에 해당된다.

[국가직무능력표준 능력단위 구성]

- 능력단위는 능력단위분류번호, 능력단위정의, 능력단위요소(수행준거, 지식·기술·태도), 적용범위 및 작업상황, 평가지침, 직업기초능력으로 구성

구성항목	내용
01. 능력단위분류번호(competency unit code)	능력단위를 구분하기 위하여 부여되는 일련번호로서 14자리
02. 능력단위명칭(competency unit title)	능력단위의 명칭을 기입한 것
03. 능력단위정의(competency unit description)	능력단위의 목적, 업무수행 및 활용범위를 개략적으로 기술
04. 능력단위요소(competency unit element)	능력단위를 구성하는 중요한 핵심 하위능력을 기술
05. 수행준거(performance criteria)	능력단위요소별로 성취여부를 판단하기 위하여 개인이 도달해야 하는 수행의 기준을 제시

06. 지식·기술·태도(KSA)	능력단위요소를 수행하는 데 필요한 지식·기술·태도
07. 적용범위 및 작업상황(range of variable)	• 능력단위를 수행하는데 있어 관련되는 범위와 물리적 혹은 환경적 조건 • 능력단위를 수행하는 데 있어 관련되는 자료, 서류, 장비, 도구, 재료
08. 평가지침 (guide of assessment)	능력단위의 성취여부를 평가하는 방법과 평가시 고려되어야 할 사항
09. 직업기초능력(key competency)	직업인으로서 기본적으로 갖추어야 할 공통 능력

수준체계

- 국가직무능력표준의 수준체계는 산업현장 직무의 수준을 체계화한 것으로, '산업현장-교육훈련-자격' 연계, 평생학습능력 성취 단계 제시, 자격의 수준체계 구성에서 활용한다.
- 국가직무능력표준 개발 시 8단계의 수준체계에 따라 능력단위 및 능력단위요소별 수준을 평정하여 제시한다.

수준	항목	내용
8수준	정의	• 해당분야에 대한 최고도의 이론 및 지식을 활용하여 새로운 이론을 창조할 수 있고, 최고도의 숙련으로 광범위한 기술적 작업을 수행할 수 있으며 조직 및 업무 전반에 대한 권한과 책임이 부여된 수준
	지식 기술	• 해당분야에 대한 최고도의 이론 및 지식을 활용하여 새로운 이론을 창조할 수 있는 수준 • 최고도의 숙련으로 광범위한 기술적 작업을 수행할 수 있는 수준
	역량	• 조직 및 업무 전반에 대한 권한과 책임이 부여된 수준
	경력	• 수준7에서 2-4년 정도의 계속 업무 후 도달 가능한 수준

수준	항목	내용
7수준	정의	•해당분야의 전문화된 이론 및 지식을 활용하여, 고도의 숙련으로 광범위한 작업을 수행할 수 있으며 타인의 결과에 대하여 의무와 책임이 필요한 수준
	지식 기술	•해당분야의 전문화된 이론 및 지식을 활용할 수 있으며, 근접분야의 이론 및 지식을 사용할 수 있는 수준 •고도의 숙련으로 광범위한 작업을 수행하는 수준
	역량	•타인의 결과에 대하여 의무와 책임이 필요한 수준
	경력	•수준6에서 2-4년 정도의 계속 업무 후 도달 가능한 수준
6수준	정의	•독립적인 권한 내에서 해당분야의 이론 및 지식을 자유롭게 활용하고, 일반적인 숙련으로 다양한 과업을 수행하고, 타인에게 해당분야의 지식 및 노하우를 전달할 수 있는 수준타인의 결과에 대하여 의무와 책임이 필요한 수준
	지식 기술	•해당분야의 이론 및 지식을 자유롭게 활용할 수 있는 수준 •일반적인 숙련으로 다양한 과업을 수행할 수 있는 수준
	역량	•타인에게 해당분야의 지식 및 노하우를 전달할 수 있는 수준 •독립적인 권한 내에서 과업을 수행할 수 있는 수준
	경력	•수준5에서 1-3년 정도의 계속 업무 후 도달 가능한 수준
5수준	정의	•포괄적인 권한 내에서 해당분야의 이론 및 지식을 사용하여 매우 복잡하고 비일상적인 과업을 수행하고, 타인에게 해당분야
	지식 기술	•해당분야의 이론 및 지식을 사용할 수 있는 수준 매우 복잡하고 비일상적인 과업을 수행할 수 있는 수준
	역량	•타인에게 해당분야의 지식을 전달할 수 있는 수준 •포괄적인 권한 내에서 과업을 수행할 수 있는 수준
	경력	•수준4에서 1-3년 정도의 계속 업무 후 도달 가능한 수준

수준	항목	내용
4수준	정의	•일반적인 권한 내에서 해당분야의 이론 및 지식을 제한적으로 사용하여 복잡하고 다양한 과업을 수행하는 수준
	지식 기술	•해당분야의 이론 및 지식을 제한적으로 사용할 수 있는 수준 •복잡하고 다양한 과업을 수행할 수 있는 수준
	역량	•일반적인 권한 내에서 과업을 수행할 수 있는 수준
	경력	•수준3에서 1-4년 정도의 계속 업무 후 도달 가능한 수준
3수준	정의	•제한된 권한 내에서 해당분야의 기초이론 및 일반지식을 사용하여 다소 복잡한 과업을 수행하는 수준
	지식 기술	•해당분야의 기초이론 및 일반지식을 사용할 수 있는 수준 •다소 복잡한 과업을 수행하는 수준
	역량	•제한된 권한 내에서 과업을 수행하는 수준
	경력	•수준2에서 1-3년 정도의 계속 업무 후 도달 가능한 수준
2수준	정의	•일반적인 지시 및 감독 하에 해당분야의 일반 지식을 사용하여 절차화되고 일상적인 과업을 수행하는 수준
	지식 기술	•해당분야의 일반 지식을 사용할 수 있는 수준 •절차화되고 일상적인 과업을 수행하는 수준
	역량	•일반적인 지시 및 감독 하에 과업을 수행하는 수준
	경력	•수준1에서 6-12개월 정도의 계속 업무 후 도달 가능한 수준
1수준	정의	•구체적인 지시 및 철저한 감독 하에 문자이해, 계산능력 등 기초적인 일반지식을 사용하여 단순하고 반복적인 과업을 수행
	지식 기술	•문자이해, 계산능력 등 기초적인 일반 지식을 사용할 수 있는 수준 •단순하고 반복적인 과업을 수행하는 수준
	역량	•구체적인 지시 및 철저한 감독 하에 과업을 수행하는 수준

분류번호 체계

국가직무능력표준의 분류번호는 국가직무능력표준의 구성단위인 능력단위에 대한 식별번호로 대분류, 중분류, 소분류, 세분류, 능력단위 및 개발연도로 구성 됩니다.

- **대 분 류** 대분류의 2자리 숫자(2 digits)
- **중 분 류** 대분류 중 중분류의 2자리 숫자(2 digit)
- **소 분 류** 중분류 중 소분류의 2자리 숫자(2 digit)
- **세 분 류** 소분류 중 세분류의 2자리 숫자(2 digits)
- **능력단위** 세분류 중 능력단위 연번으로 2자리 숫자(2 digits)
- **개발연도** 능력단위 개발 · 보완 연도 2자리 숫자(2012년 → 12)로 작성하되,
  앞의 분류와 구분하기 위하여 "_" 이후에 연도 기입
- **버 전** 표준 개발 순서 2자리(첫번째 → v, 두 번째 → 숫자)/(2 digits)

[국가직무능력표준 분류번호체계]

0101010101_12v1

01	01	01	01	01	-	12	v1
대분류	중분류	소분류	세분류	능력단위		개발연도	버전

양식조리사 직무개요

직무 정의

양식조리는 서양식 음식을 조리사가 메뉴를 계획하고, 식재료를 구매, 관리, 손질하여 정해진 조리법에 의해 조리하며 식품위생과 조리기구, 조리시설을 관리하는 일이다.

능력단위별 능력단위요소

분류번호	능력단위(수준)	능력단위요소	수준
1301010201-14v2	양식 조리실무(3)	위생 관리하기	3
		안전 관리하기	2
		메뉴 관리하기	3
		구매 관리하기	3
		식재료 관리하기	3
		기초기능 익히기	2
1301010202-14v2	양식 스톡조리(2)	스톡재료 준비하기	2
		스톡 조리하기	2
		스톡 완성하기	2
130101023-14v2	양식소스 조리(4)	소스재료 준비하기	3
		소스 조리하기	4
		소스 완성하기	4
130101024-14v2	양식 수프조리(4)	수프재료 준비하기	3
		수프 조리하기	4
		수프요리 완성하기	4
130101025-14v2	양식 전채조리(4)	전채재료 준비하기	3
		전채요리 조리하기	4
		전채요리 완성하기	4
130101026-14v2	양식 샐러드조리(3)	샐러드재료 준비하기	2
		샐러드 조리하기	3
		샐러드요리 완성하기	3

분류번호	능력단위(수준)	능력단위요소	수준
130101027-14v2	양식 어패류조리(5)	어패류재료 준비하기	4
		어패류요리 조리하기	5
		어패류요리 완성하기	5
130101028-14v2	양식 육류조리(5)	육류재료 준비하기	4
		육류요리 조리하기	5
		육류요리 완성하기	5
130101029-14v2	양식 파스타조리(4)	파스타재료 준비하기	3
		파스타 조리하기	4
		파스타요리 완성하기	4
1301010210-14v2	양식 달걀조리(3)	달걀재료 준비하기	2
		달걀요리 조리하기	3
		달걀요리 완성하기	3

NCS를 기반으로 하는 서양조리 실무

WESTERN CUISINE

PART 1
이론편

Ⅰ. 서양조리의 개요

1. 조리의 의의

원시시대의 인류는 음식을 자연 그대로의 날것으로 먹다가 자연의 재해로 인하여 불을 우연히 발견함으로써 음식을 익혀 먹게 되었고 자연스럽게 조리의 행위가 시작되었다고 할 수 있다. 그 후 토기문화와 철기문화의 발달 과정을 통해 용기가 만들어지고 저장 공간이 만들어지면서 음식을 담기도 하고 저장하면서 요리의 발전을 가져왔다. 이러한 변화에는 음식을 단순히 욕구충족의 목적으로 먹는 것이 아니라 미각적, 시각적, 영양적, 위생적인 면이 중요시되는 음식문화로 발달했다.

또한 식품가공산업의 눈부신 발전으로 인하여 식문화에 많은 변화를 가져왔다. 바쁜 생활환경의 영향으로 인하여 간편하게 즐길 수 있는 Fast Food, Instant Food 등의 음식이 발달하여 생활의 편리함을 주었고 경제성장에 따라 생활 수준이 향상되면서 식생활에도 많은 변화가 있었지만 고혈압, 고지혈증, 비만, 당뇨병 등의 각종 성인병의 증가로 인하여 식문화의 문제점도 발생되고 있다. 그래서 조리는 인간이 삶을 영위하기 위해서 필요한 세 가지 요소인 의식주(衣食住) 중에서도 식(食) 이 가장 중요하게 대두될 필요가 있다.

조리란 인간이 섭취 가능한 식재료를 이용하여 시각적으로 외관을 아름답게, 미각적으로 맛있게, 영양적으로 필요한 영양소를 제공하고, 위생적으로 독성이 제거되어 무독한 상태로 안전하게 음식을 만드는 과정을 조리라 한다.

2. 서양조리의 이해

요리의 발달은 그 지역의 자연환경과 함께 역사와 문화의 영향을 받기 때문에 그 지역의 식문화, 국민성, 자연환경, 지형적 위치를 이해하는 것이 무엇보다 중요하다. 서양요리는 유럽의 역사와 더불어 함께 발전을 했다고 해도 과언이 아니다. 서양요리는 이태리, 프랑스 요리를 바탕으로 지역의 기후, 특산물, 풍습 등에 따라 여러 가지 특색 있게 개발되고 발전되었다. 이렇게 발달된 서양조리는 각 나라별 식문화와 환경에 맞게 변화하고 발달하고 있다.

Ⅱ. 기본조리방법

1. 기본 채소 썰기

- **찹 Chop** 가로, 세로 1mm 크기의 주사위 모양으로 써는 방법
- **아세 Hacher** 잘게 다지는 것
- **브뤼누아즈 Brunoise** 가로, 세로 3mm 크기의 주사위 모양으로 써는 방법
- **다이스 Dice** 가로, 세로 1.2cm 크기의 주사위 모양으로 써는 방법
- **콩카세 Concasse** 가로, 세로 0.5cm 크기의 주사위 모양으로 써는 방법
- **큐브 Cube** 가로, 세로 1.5cm 크기의 주사위 모양으로 써는 방법
- **쥘리엔느 Julienne** 5cm×2mm 길이로 가늘고 길게 써는 방법
- **쉬브 Cheveux** 4cm 길이로 머리카락처럼 가늘게 써는 방법
- **쉬포나드 Chiffonade** 실처럼 가늘고 길게 써는 방법
(양배추나 양상추처럼 겹겹으로 되어 있는 채소의 썰기)
- **샤토 Chateau** 4cm 정도의 길이로 가운데는 굵고 양끝은 뾰족하게 자르는 방법
- **올리베트 Olivette** 4cm 길이의 오크통 모양으로 깎는 방법
- **파리지엔 Parisienne** Parisienne Knife를 이용하여 구슬같이 둥글게 파내는 방법
- **페이잔느 Paysanne** 미네스토로네 수프의 야채썰기로 가로, 세로 1.2cm×1.2cm×0.2cm 크기로 얇게 써는 방법
- **비취 Vichy** 주로 당근같이 딱딱한 채소를 이용하여 3~4mm 정도의 두께로 비행접시 모형으로 둥글게 깎는 방법
- **바토네 Batonnet** 작은 막대기 모양으로 길게 써는 모양(6.4mm×6.4mm×6.0cm)

<기본 썰기의 모양>

썰기	크기	사진
Chop **찹**	1mm×1mm×1mm	
Brunoise **브뤼누아즈**	3mm×3mm×3mm	
Concasse **콩카세**	0.5cm×0.5cm×0.5cm	
Julienne **쥘리엔느**	5cm×2mm	
Batonnet **바토네**	6.4mm×6.4mm×6cm	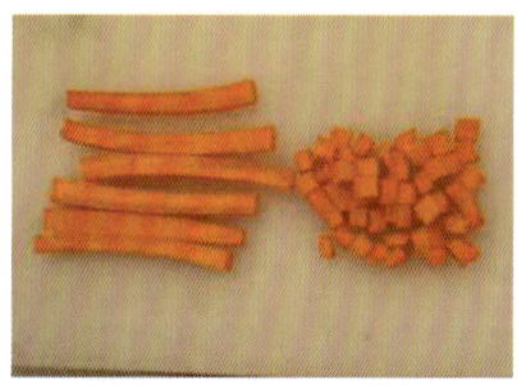
Paysanne **페이잔느**	1.2cm×1.2cm×0.2cm	
Dice **다이스**	1.2cm×1.2cm×1.2cm	

2. 기본조리방법

1) 건열조리법

최소한의 기름이나 지방을 이용하여 그 기름을 팬에 넣고 높은 온도에서 음식을 빠른 시간 내에 조리하는 방법이다.

① 구이 Broiling

열원이 석쇠 위쪽에 있는 Over Heat 방식이다. 브로일러(Broiler)나 샐러맨더(Salamander)를 이용하여 280~300℃의 높은 온도에서 식재료를 익히는 조리법으로 식재료에 열이 직접적으로 닿게 되면 식재료에 손상을 입게 되므로 조리기구에 열을 먼저 가한 다음, 재료를 넣어 조리한다.

② 석쇠구이 Grilling

열원이 석쇠 바로 아래에 있어 열에너지를 아래에서 받아 조리를 하는 Under Heat 방식이다. 석쇠에 구울 때는 석쇠에 달라 붙지 않도록 철판을 충분히 가열한 다음 사용을 하고 육류는 줄무늬가 나도록 굽는다. 우리나라에서는 Broiling보다는 Grilling을 많이 쓰고 있다.

③ 오븐굽기 Roasting

육류나 가금류 등의 큰 덩어리 고기들을 오븐에 넣어 굽는 방법으로 뚜껑을 덮지 않고 조리를 한다. 오븐에 굽기 전에는 육즙의 방출을 막기 위해 초벌구이를 하여 겉에만 색깔을 내어 오븐에 구워낸다. 열의 전도와 대류를 이용하여 식재료를 익혀내는 방법으로 처음에는 고온에서 조리하다 온도를 낮추어 천천히 식재료 내부까지 익도록 시간적 여유를 갖고 조리하는 것이 좋다.

④ 굽기 Baking

Roasting과 같이 오븐 안에서 구워지나 건조열로 굽는 방법으로 주로 제과에서 빵을 구울 때 쓰는 조리용어로 Bread류, Tart류, Pie류, Cake류 등 빵집에서 많이 사용된다. 조리속도는 느리지 만 음식물의 표면이 건조한 열에 의해 바싹 마르게 구워지고 맛도 높여 준다.

⑤ 소테잉 Sauteing

소테잉은 프라이팬의 대표적인 전도열에 의한 조리방법으로 소량의 버터나 기름을 넣고 200℃의 높은 온도에서 순간적으로 조리하는 조리법으로 소량 조리하는 것이 좋다.

⑥ 팬 프라잉 Pan Frying

소테보다는 조금 넉넉한 기름으로 중간 불에서 튀기는 방법으로 보통 가정에서 많이 사용한다. 적은 양의 기름으로 돈가스를 튀길 때 사용하는 방법이다.

⑦ 딥 프라잉 Deep Frying

많은 양의 기름에 넣어 튀기는 방법으로 식재료가 기름에 완전히 잠기게 해서 조리를 한다. 처음에는 낮은 온도에서 튀기고 두 번째는 높은 온도에서 튀기는 것이 바삭하게 튀기는 방법이다.

2) 습열조리법

① 은근히 끓이기 Simmering

끓기 직전의 온도에서(85~95℃)에서 식재료가 흐트러지지 않도록 조심스럽게 끓이는 조리방법으로 식품의 조직을 부드럽게 하고 맛난 성분을 증가시키기 위한 조리법으로 수프나 스톡을 만들 때 사용하는 조리방법이다.

② 데침 Blanching

100℃ 이상의 높은 온도에서 식재료를 짧은 시간에 재빨리 익혀내기 위한 조리법으로 주로 채소나 과일을 익힐 때 많이 사용하는 방법이다. 영양소 파괴나 조직의 파괴를 방지하기 위해서 데친 다음에는 반드시 찬물에 담가 식혀 주어야 한다.

③ 삶기 Poaching

70~85℃ 온도의 액체에서 식재료를 부드럽게 익히는 조리방법으로 생선이나 계란 등을 낮은 온도에서 식재료의 모양을 유지하면서 익히고 조리하고 남은 액체는 소스를 만들어 사용할 수 있다. 낮은 온도에서 조리를 하므로 식품의 형태가 흐트러지지 않고 식재료의 부드러움을 살리는 장점이 있다.

④ 찌기 Steaming

찌기는 끓는 액체의 수증기를 이용하여 재료를 익히는 조리방법으로 식품의 형태를 그대로 유지할 수 있고 맛이나 영양성분의 손실도 최소화할 수 있다는 장점이 있다. 작은 공간에서도 대량조리를 할 수 있고 Boiling에 비하여 풍미와 재료의 색채를 살릴 수 있는 장점이 있다.

⑤ 글레이징 Glazing

당근샤토나 채소를 반짝반짝 윤기나게 하는 조리법으로 설탕이나 버터 등을 이용하여 약한 불에 졸여서 만드는 조리법이다.

3) 복합조리법

복합조리법은 습열조리법과 건열조리법을 모두 사용하는 조리방법으로 브레이징과 스튜가 대표적이다.

① 브레이징 Braising

브레이징은 서양조리법의 대표적으로 우리나라의 찜요리와 비슷한 조리법이기도 하다. 프라이팬에 소량의 액체나 기름을 첨가하여 고기를 갈색으로 익힌 후 스톡이나 다른 소스를 고기 높이의 절반까지 부어 뚜껑을 덮은 다음 오븐에서 익히는 조리법으로 덩어리가 큰 고기나 질긴 부위의 고기를 부드럽게 하기 위한 조리방법으로 매우 효과적이다.

② 스튜 Stewing

스튜는 브레이징과 비슷한 조리방법이나 고기의 크기가 한입 크기로 작고, 스톡이나 소스 등의 액체를 재료가 완전히 잠길 정도로 넣어주고 끓여준다. 조리시간은 브레이징보다 짧게 해주는 것이 좋다. 그 이유는 주재료의 크기가 작기 때문이다.

③ 뿌왈레 Poeler

많은 양의 버터를 이용하여 오븐 속에서 온도를 조절해 가면서 조리하는 방법으로 주로 육류요리를 조리하는 방법이다.

3. 계량 및 환산

조리부나 베이커리 업장에서의 계량은 소량의 차이로도 맛의 차이가 현저하게 달라지기 때문에 정확한 계량이 필요하다.

① 온도 계산법

- 섭씨(℃ : Centigrade)
- 화씨(℉ : Fahrenheit)
- 화씨를 섭씨로 고치는 공식 ℃ = (℉ − 32) / 1.8
- 섭씨를 화씨로 고치는 공식 ℉ = (1.8 × ℃) + 32

〈조리에 사용되는 일반적인 섭씨(℃)와 화씨(℉)의 관계〉

구 분	섭씨(℃)	화씨(℉)
냉동고	–18	0
냉장고	4	40
물의 어는점	0	32
씸머링	82	180
끓이기	100	212
튀기기	180	356

② 조리에 사용되는 계량의 단어와 약자

teaspoon =tsp	tablespoon = Tbsp	cup = C
pint = pt	quart = pt	fluid ounce = fl.oz
gram =g	milliliter =ml	liter = lt
ounce = oz	pound = lb	kilogram = kg

③ 계량컵, 계량스푼의 용량관계

계량단위		부 피	기 타
1작은술(tea spoon, ts)		5mL	
1큰술(table spoon, Ts)		15mL	3큰술
1컵(cup, C)	미터법	200mL	13큰술
1컵(cup, C)	쿼트법	240mL	16큰술

④ 물의 계량단위

컵 (cups)	파인트 (pints)	쿼트 (quarts)	온스 (ounces)	파운드 (pounds)	그램 (grams)
1/2	1/4	1/8	4.15	1/6	75
1	1/2	1/4	8.3	1/3	150
2	1	1/2	16.62	1	450
4	2	1	33.24	2	900

Ⅲ. 주방의 안전관리

외식업체에 근무하는 조리종사자는 주방의 환경 및 개인적인 위생이 곧 고객들의 건강과 안전에 직접적인 영향을 미치기 때문에 철저한 자기관리와 주방위생에 주력해야 한다.

1. 개인위생관리

주방종사자들은 위생과 건강상태를 위해 정기적으로 건강진단을 받아야 하고 정기적인 건강진단은 보통 6개월에 1회 정도 실시를 하고 특별한 증상이 있을 시에는 수시로 건강진단을 받아야 한다.

조리업무에 종사할 수 없는 조리사

① **전염병에 걸렸을 경우** 콜레라, 장티푸스, 세균성 이질, 결핵 등
② **전염병의 병원균 보균자인 경우**
③ **피부병 및 기타 화농성 피부질환이 있을 때**
④ **B형 간염** 전염의 우려가 없는 비활동성 간염은 제외
⑤ **후천성 면역결핍증** 전염병에 대한 예방법 규정에 의한 건강진단을 받아 그 결과의 유무에 의해 영업에 종사하는 자에 한함

조리사 결격사유

① **정신 질환자, 정신 지체인**
② **전염병 환자**
③ **마약, 약물중독자**
④ **조리사 면허취소 처분을 받고 취소된 날로부터 1년이 지나지 아니한 자**

1) 손의 청결

외식업체의 모든 음식은 조리사의 손을 거쳐서 생산되기 때문에 조리사의 손은 항상 청결을 유지해야 한다. 올바른 손의 세정 방법은 다음과 같다.

• 30℃의 미지근한 물에 역성비누나 세척용 물비누를 손에 바른다.

- 비누거품을 충분히 내어 손목 윗부분까지 충분히 세척해 준다.
- 솔 브러시를 이용하여 손톱에 끼어 있는 이물질을 제거해 준다.
- 흐르는 수돗물에 잔여물이 남지 않도록 깨끗이 씻는다.
- 손의 물기는 종이 타월이나 공기 건조기로 건조시킨다.

2) 위생복 관리

조리업무 종사자는 조리실에 들어가기 전에 반드시 깨끗한 조리복과 앞치마 그리고 조리모자를 착용하고 업무에 임해야 한다. 그리고 조리복을 입은 채 외부에 나가서도 안되고 화장실을 가서도 안 된다. 이는 외부의 오염된 환경에 노출을 하게 되면 2차 감염의 우려가 있기 때문에 절대로 주의해야 한다.

① 위생모 및 스카프

위생모와 스카프는 머리카락이나 머리에서 나올 수 있는 분비물들이 음식으로 들어가는 것을 막기 위해 머리에 착용하는 복장구성으로 음식을 만드는 조리사들에게는 반드시 착용해야 하는 필수품이다. 위생모는 머리카락이 밖으로 나오지 않도록 완전히 눌러 쓰도록 하고 위생모의 길이가 너무 길거나 큰 모자는 작업을 방해하므로 자신에게 맞는 모자를 선택하도록 한다.

여성의 경우에는 잔머리가 밖으로 나오지 않도록 그물망으로 머리를 단정히 묶어 위생모나 스카프를 착용한다. 그리고 지나친 머리핀의 사용은 금지하는 것이 좋다.

② 머플러

조리업무 종사자에게 반드시 착용해야 하는 필수 복장 중의 하나로 머플러도 반드시 착용해야 한다. 조리하는 환경은 항상 각종 위험에 노출되어 있어 주방에서의 불의의 사고가 생겨 인체에 상 해를 입었을 경우 지압이나 압박 등의 응급처치를 위해 필요한 것이다.

머플러의 길이는 길게 하지 않고 짧게 매듭을 지어 착용하는 것이 작업하는 데도 편하다.

③ 앞치마

앞치마는 조리종사원의 신체를 1차적으로 보호하고 위생복의 더럽힘을 방지하고자 착용하는 것으로 면으로 된 것을 많이 사용하고 물을 많이 사용하는 조리사는 비닐소재의 앞치마를 사용하기도 한다. 앞치마의 매듭은 복부 중앙이나 옆선에 매고 남은 끈은 반드시 짧게 매듭을 만들어 너덜거리지 않도록 해야 한다.

④ 안전화

주방의 바닥은 항상 물에 젖어 있거나 기름을 많이 사용하므로 사용한 기름이 흐르거나 각종 이물질들이 떨어져 있어 미끄러짐으로 인한 낙상과 무거운 기구들이 떨어졌을 때를 방지하기 위해서 안전화를 반드시 착용해야 한다.

안전화는 미끄러짐을 방지할 수 있도록 특수처리된 소재로 바닥을 만들고 발등에는 딱딱한 안전장치가 들어있어 발을 보호해 주는 기능을 가지고 있다.

안전화의 구조

1. 신울가죽
2. 구멍
3. 몸통가죽
4. 보강가죽
5. 월형심
6. 중물(속내용물)
7. 고무걸창(굽 포함)
8. 안창
9. 강제선심
10. 안선심
11. 몸통안
12. 깔창
13. 구두혀
14. 허구리
15. 구두끈

2. 주방위생

주방은 조리에 필요로 하는 조리도구와 각종 기계들이 많기 때문에 항상 위생적으로 관리해야 한다. 주방의 적당한 실내온도는 16~20℃, 습도는 70%가 적당하다.

1) 주방바닥

주방시설에서의 바닥은 주방에서 일하고 있는 조리사의 작업효율성을 높이고 미끄럼 방지를 미연에 방지할 수 있는 구조로 되어 있어야 한다. 주방바닥은 대부분 수분 흡수능력이 적고 탄성이 좋은 에폭시를 사용하고 있다. 또한 식재료의 반입과 반출, 냉동, 냉장의 출입을 자유롭게 하기 위해 주방바닥 전체의 높이를 일정하게 설계해야 한다.

2) 주방천장과 조명

주방의 천장은 화재의 위험성이 높으므로 주방바닥과 천장의 높이는 적절하게 설정해야 하는데 천장의 높이는 바닥으로부터 2.5m가 적당하다. 그리고 일반적인 주방의 조명 밝기는 50~100Lux 가 가장 적당하며 세밀한 작업을 필요로 하는 경우에는 확산조명 + 간접조명 + 전반조명을 합쳐서 300~400Lux가 적당하다.

3) 창고관리

주방에서의 창고는 각종 곡물, 건물류, 조미류, 통조림 식품 등을 저장하는 곳으로 직사광선을 피하고 방습, 통풍, 환기 등에 각별히 신경을 써서 방서, 방충의 피해를 막도록 해야 한다.

3. 작업자 안전관리

주방은 음식을 만들어 내는 장소이기도 하지만 항상 안전사고를 유발할 수 있는 장소이기 때문에 각 사고시에 대처할 수 있는 대처능력에 대해서 규칙적인 교육을 받아야 한다.

1) 개인안전

- 주방에서는 제대로 갖춘 조리복과 안전화를 반드시 착용한다.
- 칼을 사용할 때는 정신을 집중하고 안정된 자세로 작업을 한다.
- 칼은 본래의 목적 외에는 사용해서는 안된다.
- 주방에서는 아무리 바쁜 상황이라도 뛰어다니면 안된다.
- 주방바닥은 기름이나 물기를 수시로 제거하여 주방에서의 낙상사고를 방지한다.
- 주방에서 칼을 들고 이동할 때는 칼끝을 밑으로 두고 칼날은 뒤로 가게 해서 이동한다.
- 작업대 위에서 칼을 떨어뜨렸을 때는 절대 잡으려 하지 말고 한걸음 물러 서서 몸을 피한다.
- 뜨거운 용기를 이동할 때는 마른행주를 이용하고 젖은 행주나 앞치마로 이동하는 행동은 금지해야 한다.

2) 전기안전관리

- 콘센트에 플러그를 완전히 삽입하여 열이 발생되지 않도록 한다.
- 한 개의 콘서트에 여러 개의 플러그를 꽂아서 사용하지 않도록 한다.
- 콘센트 주위에는 가연물, 인화성 물질 등의 위험물이 없도록 한다.
- 전기제품 사용 후 에는 반드시 콘센트에서 플러그를 빼놓는다.

• 젖은 손으로 콘센트나 플러그를 만져서는 안 된다.
• 적정 전기용량을 초과하여 사용하지 않는다.
• 전기가 고장났을 때에는 즉시 전문가에게 의뢰하고 수리하기 전까지는 사용하지 않는다.

3) 가스, 화재안전관리

• 주방에서 사용하는 가스의 기본성질을 알아둔다.
LNG 가스는 공기보다 0.65배 가볍다.
LPG 가스는 공기보다 1.2~1.3배 무겁다.
• 전기나 가스 오븐 주위에는 인화성물질을 두지 않는다.
• 가스기기를 사용할 때는 자리를 이탈하지 않는다.
• 주방에서의 마지막 퇴실자는 밸브가 잠겨 있는지 반드시 확인을 한다.
• 주방 내 소화기 위치를 확인해 둔다.

Ⅳ. 주방에서 사용되는 설비와 기구

1. 칼의 정의

주방에서 조리사들이 가장 많이 사용하는 조리기구 중 하나가 칼인데 칼은 주방에서 가장 상징적이고 많이 쓰이는 도구임에 틀림없다. 과거에는 단순히 물건을 자르고 식재료를 자르는 등의 행위를 위해서 칼을 필요로 했지만 현대에는 식재료의 종류에 따라 사용하는 칼의 종류도 굉장히 많아지고 소재 또한 다양해지고 있다. 칼을 선택할 때는 무조건 비싸다고 좋은 것이 아니라 자신에게 맞는 칼을 찾고 평소의 보관과 손질이 중요하다고 생각한다. 칼을 선택할 때에는 칼날이 오랫동안 보존되는 것, 손잡이가 편안하고 균형이 잘 잡힌 칼, 칼날과 손잡이 부분의 쇠가 하나로 이루어진 것을 선택해야 한다.

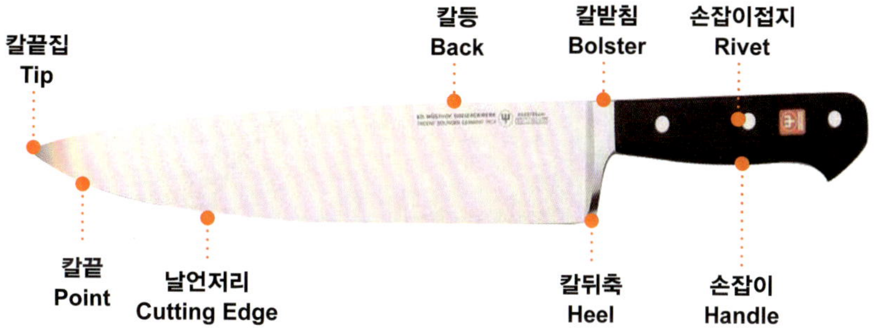

2. 칼의 종류

① French / Chef's Knife(프렌치 나이프)

업장에서 가장 많이 사용하는 일반적인 칼이다.

② Fish Knife(피시 나이프)

생선의 뼈를 발라내는 데 사용하고 길이의 날이 유연하고 칼끝이 뾰족하다.

③ Butcher Knife(부처 나이프)

주로 부처 주방에서 사용하고 고기를 자를 때 사용한다.

④ Boning Knife(보닝 나이프)

가금류나 육류에서 살을 발라 낼 때 사용한다.

⑤ Decorating Knife(데코레이팅 나이프)

과일이나 채소를 모양내서 자를 때 사용한다.

⑥ Petite Knife(프티 나이프)

과일이나 채소를 둥글게 깎을 때 사용한다.

⑦ **Cleaver Knife(클레버 나이프)**

소, 생선, 가금류 등의 단단한 뼈를 자를 때 사용한다.

⑧ **Minching Knife(민싱 나이프)**

파슬리나 각종 채소를 다질 때 사용한다.

⑨ **Bread Knife(브레드 나이프)**

주로 베이커리 업장에서 사용을 하고 껍질이 딱딱한 빵을 자를 때 사용한다.

⑩ **Cheese Knife(치즈 나이프)**

치즈를 자를 때 사용한다.

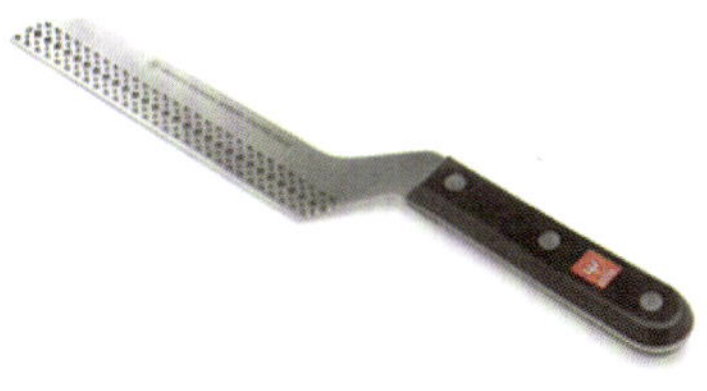

⑪ **Paring Knife(패링 나이프)**

야채의 다듬기 또는 껍질을 깔 때 사용한다.

⑫ **Carving Knife(카빙 나이프)**

카빙 테이블의 로스트 육류나 가금류를 썰 때 사용한다.

3. 조리용 소도구

조리용 소도구는 조리업무의 효율성을 높여주고 부가가치를 창출하는 역할로 조리에서 빼놓을 수 없는 역할을 하는 것이 소도구의 쓰임새다.

① Parisian Scoop(볼커터)

과일이나 채소를 원형으로 깎을 때 사용한다.

② Kitchen Fork(키친포크)

뜨겁고 커다란 고기 덩어리를 집을 때 사용한다.

③ Grill Tong(그릴 텅)

뜨거운 음식물을 집을 때 사용한다.

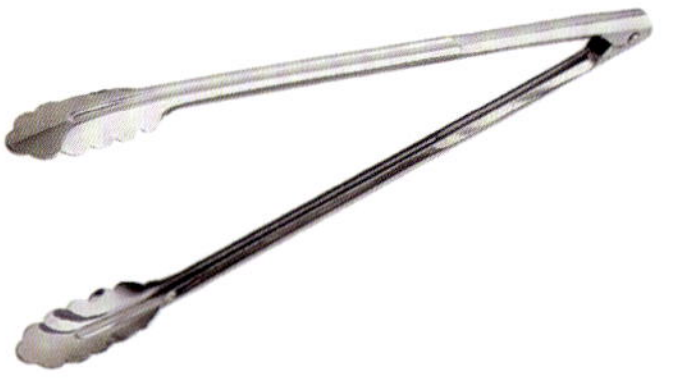

④ Straight Spatula(스트레이트 스패튤라)

크림을 바르거나 작음 음식을 옮길 때 사용한다.

⑤ Zester(제스터)

오렌지나 레몬 등의 껍질을 벗길 때 사용한다.

⑥ Cheese Scraper(치즈 스크레이퍼)

단단한 치즈를 얇게 긁을 때 사용한다.

⑦ Butter Scraper(버터 스크레이퍼)

버터를 모양 내서 긁을 때 사용한다.

⑧ Grill Spatula(그릴 스패튤라)

팬 위에서 뜨거운 음식을 뒤집거나 옮길 때 사용한다.

⑨ Meat Tenderizer(미트 텐더라이저)

고기를 두드려서 연하게 할 때 사용한다.

⑩ Sharpening Steel(샤퍼닝 스틸)

무뎌진 칼날을 세울 때 사용한다.

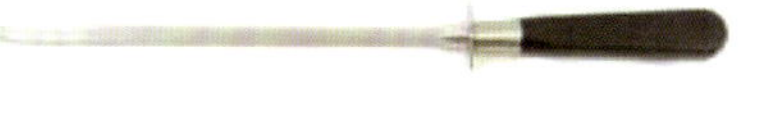

⑪ Roll Cutter(롤 커터)

피자나 얇은 반죽을 자를 때 사용한다.

⑫ Whisk(위스크)

재료를 휘젓거나 거품을 낼 때 사용한다.

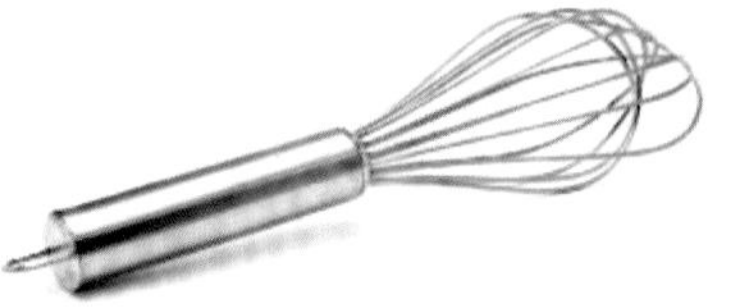

⑬ Fish Scaler(피시 스케일러)

생선의 비늘을 제거할 때 사용한다.

⑭ Eggslicer(에그 슬라이서)

삶은 달걀을 일정한 두께로 자를 때 사용한다.

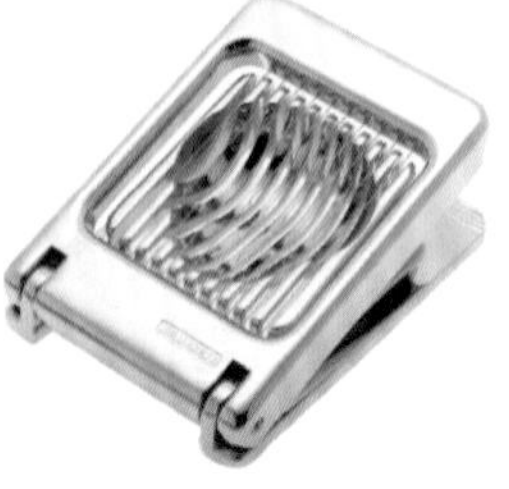

⑮ China Cap(차이나 캡)

토마토 소스, 삶은 감자 등을 거를 때 사용한다.

⑯ Skimmer(스키머)

스톡 등을 끓일 때 거품 제거에 사용한다.

⑰ Grater(그레이터)

치즈나 채소 등의 딱딱한 식재료를 갈 때 사용한다.

⑱ Chinois(시노와)

스톡이나 고운 소스를 거를 때 사용한다.

⑲ Soled Spoon(쏘울드 스푼)

주방에서 쓰이는 조리용의 커다란 스푼이다.

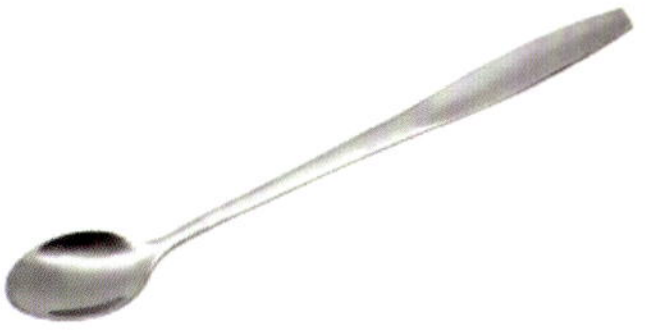

⑳ Pepper Mill(페퍼 밀)

후추를 잘게 으깰 때 사용한다.

㉑ Mandoline(만돌린)

다용도 채칼로 와플형으로 만들 때 사용한다.

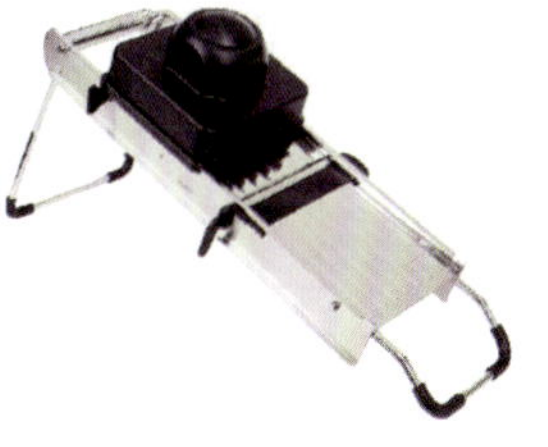

㉒ Large Hotel Pan(라지 호텔 팬)

음식물을 담아 보관할 때 사용한다.

㉓ Pastry Bag(패스추리 백)

생크림이나 무스, 채소퓨레 등을 넣어
모양내어 짤 때 사용한다.

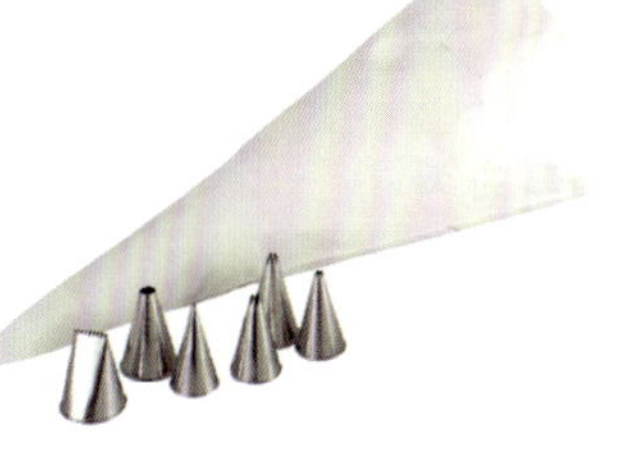

4. 주방기기의 종류

① Slicer(슬라이서)

채소, 육류, 생선 등의 다양한 식재료를 얇게 자르는데 사용한다.

② Meat Mincer(미트 민서)

고기나 기타 식재료들을 곱게 으깰 때 사용한다.

③ Vegetable Cutter(베지터블 커터)

당근, 감자, 무 등을 칼날의 모양에 따라 다양하게 절단하는 데 사용한다.

④ Food Blender(푸드 블렌더)

유동성 있는 음식물을 곱게 가는 데 사용한다.

⑤ Food Chopper(푸드 차퍼)

고기나 야채 등을 다질 때 사용한다.

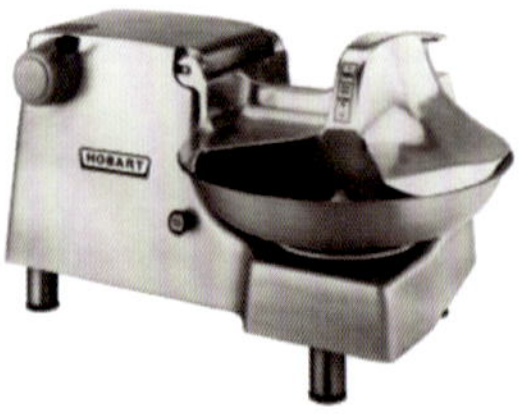

⑥ **Meat Saw(절단기)**

큰 덩어리의 언 고기나 뼈를 자를 때 사용한다.

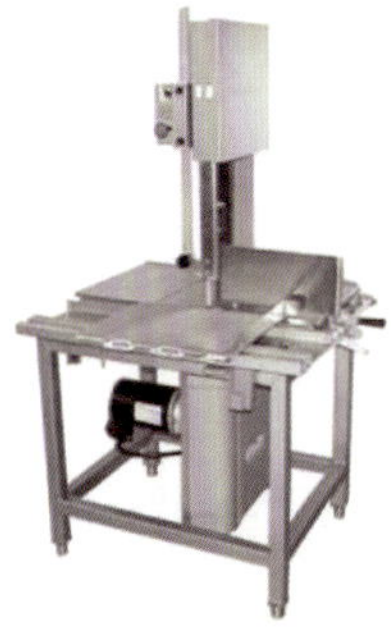

⑦ **Flour Mixer(플라워 믹서)**

기본적으로 밀가루를 섞을 때 사용하나
간혹 다른 식재료를 섞을 때도 사용한다.

⑧ **Grill(그릴)**

무쇠로 만들어진 석쇠로
육류, 생선, 가금류, 채소 등을 구울 때 사용한다.

⑨ **Salamander(샐러맨더)**

열원이 위쪽에 있는 조리기구로 음식물을
익히거나 색을 낼 때 사용한다.

⑩ Waffle Machine(와플머신)

요철 모양의 와플을 만드는 데 사용한다.

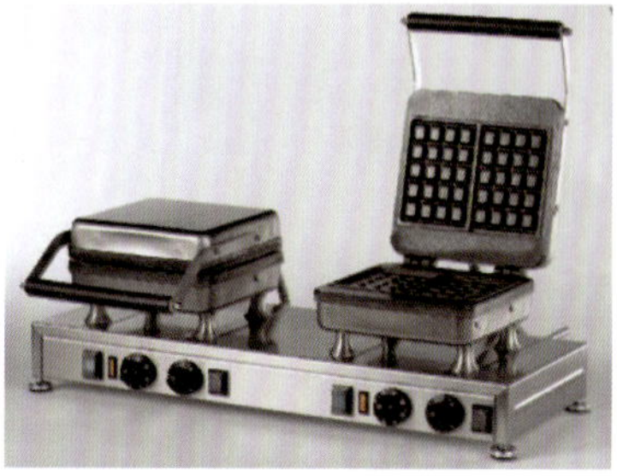

⑪ Low Gas Range(로우가스레인지)

낮은 형태의 레인지로 대량의 소스나

수프, 육수를 끓일 때 사용한다.

⑫ Convection Oven(컨벡션 오븐)

대류열을 이용한 오븐으로 열이 골고루 전달되며,

음식물을 익히거나 데울 때 사용하는 오븐이다.

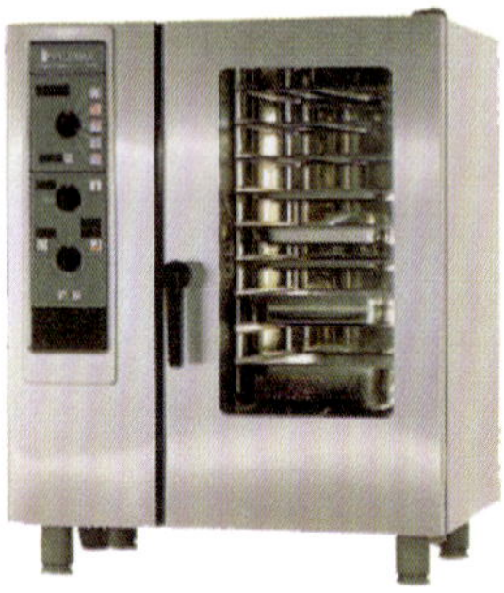

⑬ Deep Fryer(튀김기)

각종 음식물을 튀길 때 사용한다.

⑭ Steam Kettle(스팀케틀)

많은 양의 음식물을 끓이거나 삶을 때 사용하는 솥

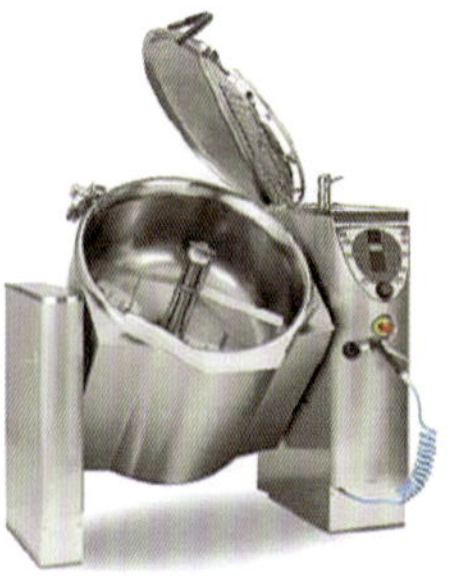

⑮ Topping Cold Table(토핑 콜드 테이블)

테이블 앞쪽에 식재료를 담을 수 있게 만들어 피자나 샐러드를 만들 때 사용한다.

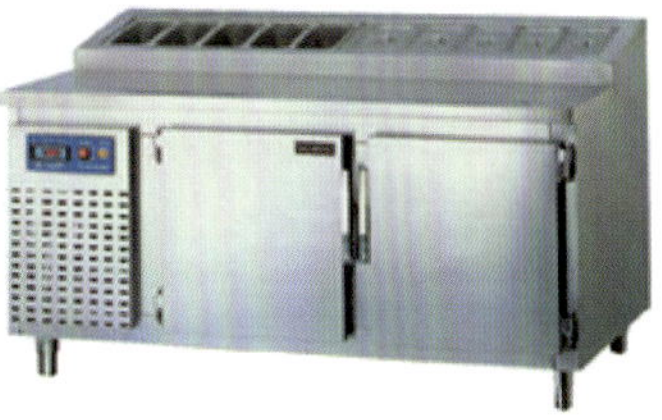

⑯ Cutting Board Sterilizer(커팅 보드 스터러 라이저)

주방에서 사용하는 도마를 소독할 때 사용한다.

⑰ Rice cooker(다단 취사기)

대량의 밥을 짓기 위해 사용한다.

⑱ Gas Braising Pan(브레이징 팬)

팬의 각도를 움직일 수 있으며 대량의 재료를 삶거나 볶을 때 사용한다.

⑲ Dish Washer(식기 세척기)

식판, 조리도구, 접시 등을 용기에 넣어 세척할 때 사용한다.

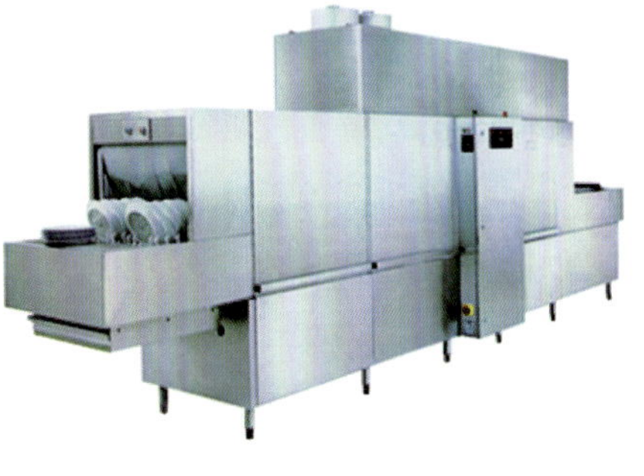

V. 식재료의 이해

1. 채소류(Vegetable)

채소는 주로 섭취하는 부위를 바탕으로 분류하는데 크게 잎채소, 줄기채소, 꽃채소, 열매채소, 뿌리채소로 분류한다.

1) 잎채소(Leaves Vegetable)

엽채류는 배추, 상추, 시금치 등과 같이 잎을 식용하는 채소이다.

① 양상추(Lettuce)

국화과의 식물로 결구상추 또는 통상추라 불리기도 한다. 품종은 크게 크리습 헤드(Crisp head)류와 버터 헤드(Butter head)류로 나뉜다. 양상추는 샐러드로 가장 많이 이용되고 있는 채소로 씹힘이 부드럽고 시원한 맛이 난다. 수분이 전체의 94~95%를 차지하고 양상추를 오래 씹다 보면 쓴맛이 있는데 이는 최면·진통효과가 있다.

② 시금치(Spinach)

아시아 서남부가 원산지로 명아주과의 식물로 한국 사람이 선호하는 채소 중 하나이다. 한국에는 조선초기에 중국에서 전해진 것으로 보이며 주로 데치거나 볶아서 곁들임 채소로 사용한다.

③ 양배추(Cabbage)

양배추는 칼슘과 비타민이 많이 들어 있어 샐러드로 많이 식용하고 있으며 유럽에서는 양배추 수프를 전통음식으로 즐기고 있다.

④ 로메인(Romaine)

로마시대 로마인들이 즐겨 먹던 상추라고 하여 붙여진 이름으로 에게해 코스섬 지방이 원산이어서 코스상추라고도 한다. 주로 시저샐러드 등 고급샐러드에 이용하고 있다.

⑤ 아루굴라(Arugula)

배추과 식물로 약간 씁쓸하고 향긋한 정통 이탈리아 채소이다. 주로 샐러드나 생으로 곁들여 이용하고 있다. 우리나라 열무와 비슷하게 생겼다.

⑥ 롤라로사(Lolla Rossa)

국화과 식물로 이탈리아어로 장미처럼 붉다는 뜻으로 색이 고운 이탈리아 상추이며 주로 샐러드로 이용하고 있다.

⑦ 브루셀 수프라우트(Brussels Sprouts)

양배추의 일종으로 미니 양배추라고도 부르며 이 채소는 줄기에 작은 덩어리가 빽빽하게 붙어 있는 모습이 마치 녹색 포도송이처럼 보이기도 한다.
주로 끓는 물에 데친 후 버터에 소테하여 이용한다.

⑧ 청경채(Bok Choy)

중국이 원산지로 겨자과에 속하는 중국배추의 일종으로 잎줄기가 청색인 것을 청경채, 백색인 것을 백경채라고 부르는 것에서 유래된 이름이고 주로 데쳐서 곁들임 채소나 볶음에 이용한다.

⑨ 치커리(Chicory)

국화과에 속하는 식물로 쓴맛이 강하게 나는 것이 특징이며 주로 샐러드로 많이 이용한다.

⑩ 라디치오(Radicchio)

잎이 둥글고 백색의 잎줄기와 붉은색의 잎이 조화를 이뤄 눈요기 채소로 소량 사용한다. 쓴맛이 강하게 나는 것이 특징이며 주로 샐러드로 이용한다.

⑪ 벨지움 엔다이브(Belgium Endive)

배추 속처럼 생긴 것으로 치커리 뿌리에서 새로 돋아난 싹이다.
쌉쌀한 맛이 나며 주로 샐러드나 가니쉬로 이용한다.

⑫ **단데리온(Dandelion)**

서양의 민들레를 뜻하고 우리나라에서는 예로부터 민들레의 효능이 뛰어나 한방재료로 많이 쓰였고 요리에서는 주로 샐러드나 차로 즐겨 이용한다.

⑬ **그린 비타민(Green Vitamin)**

비타민이 풍부하게 들어있다고 하여 비타민이라 불리게 되었고 혈액 순환 및 위를 튼튼하게 하는 효과가 있고 주로 샐러드로 이용한다.

2) 줄기채소(Stalks Vegetable)

아스파라거스와 셀러리같이 어린 줄기를 식용하는 것이 여기에 속한다.

① **아스파라거스(Asparagus)**

백합과에 속하는 여러해살이풀로 줄기는 1m이상 자라서 가지가 갈라진다. 그리스 로마시대부터 먹기 시작한 고급채소로 어린 줄기를 연하게 만들어 식용하였고 주로 곁들임 채소나 볶음 등으로 이용한다.

② **셀러리(Celery)**

미나리과에 속하는 채소로 고대 그리스인과 로마인들은 음식의 맛 을 내는 데 썼으며 고대 중국에서는 약초로 이용했다. 주로 샐러드나 볶음, 생선이나 육류의 부향제로 사용하고 있다.

③ **펜넬(Fennel)**

고대 로마시대부터 유래되었으며, 이태리에서는 Finoccchio라고 불리는 플로렌스 펜넬과 주로 잎과 씨를 허브로 사용하는 펜넬 두 종류 가 있다.
주로 소스, 스튜와 생선이나 육류의 부향제로 사용한다.

④ **콜라비(Kohlrabi)**

품종은 아시아군과 서유럽군으로 분류되어 있으며 비타민 C의 함유량이 치커리 상추보다 4~5배 정도 많고 주로 샐러드, 즙으로 이용한다.

⑤ **릭(Leek)**

백합과 식물로 채소 또는 관상용으로 재배한다.
줄기는 파와 비슷해 보이지만 릭의 길이가 더 짧다. 잎은 파보다 크지만 납작하고 중간이 꺾여서 늘어지고 주로 감자수프, 생선요리, 육류 요리에 사용한다.

⑥ **양파(Onion)**

백합과 식물로 아시아 남서부가 원산지로 추정되고 있으며 백합과에 속하는 대부분의 식물은 비늘줄기나 덩이줄기같은 땅속 저장기관을 가진다.
양파의 비늘줄기에는 각종 비타민과 함께 칼슘, 인산 등의 무기질이 풍부하게 들어 있고 혈액 중의 유해물질을 제거하는 작용이 있다. 주로 샐러드나 수프, 고기요리와 향신료 등으로 이용하고 있다.

⑦ 마늘(Garlic)

백합과에 속하며 비늘줄기가 있는 다년생 식물로 연한 갈색의 껍질에 싸여 있으며 껍질 안쪽에는 5~6개의 작은 비늘줄기가 들어 있다.

마늘의 냄새는 황화아릴 성분이며 비타민 B를 많이 함유하고 있고 마늘 특유의 맛과 향으로 굽거나 볶음, 향신료로 많이 이용하고 있다.

⑧ 죽순(Bamboo Shoot)

중국이 원산지로 대나무류의 땅속줄기에서 돋아나는 어리고 연한 싹이다.

중국요리에 많이 쓰이는 식재료로 단백질, 당질, 지질, 무기질 등이 함유되어 있고 주로 볶거나 굽는 등 다양한 조리법으로 사용하고 있다.

3) 화채류(Flowers Vegetable)

꽃양배추와 같이 꽃망울을 식용하는 것이다.

① 브로콜리(Broccoli)

브로콜리는 배추 속에 속하는 채소의 일종으로 비타민 C가 풍부하 며 항암물질을 다량 섬유하고 있으며 영양가가 높고 맛이 좋다. 주로 샐러드나 수프, 데치거나 볶음의 곁들임 채소로 이용한다.

② 콜리플라워(Cauliflower)

브로콜리와 비슷하게 생긴 겨자과의 식물로 지중해 연안이 원산지이다. 꽃가루에 두툼하고 부분적으로 발달한 꽃들이 촘촘히 무리져 달려 하나의 덩어리를 이루는데 이 노란색의 꽃봉오리를 식용한다. 주로 샐러드나 수프, 데치거나 볶음의 곁들임 채소로 이용한다.

③ 아티초크(Artichoke)

지중해 서부와 중부가 원산지이며 국화과에 속하는 엉겅퀴처럼 생긴 다년생 초본으로 꽃이 피기 전의 꽃봉오리를 식용으로 사용한다. 주로 삶아서 곁들임 채소나 샐러드로 이용한다.

4) 열매채소(Fruits Vegetable)

① 가지(Egg Plant)

가지는 인도가 원산지이며 열대지역과 온대지역에서 재배를 한다. 색깔은 짙은 보라색이며 둥근 모양, 달걀 모양, 바나나 모양 등 품종에 따라 모양과 형태가 다르나 우리나라에서는 긴 모양의 가지를 재배한다.

② 오이(Cucumber)

오이는 박과에 속하는 식물로 오이가 자랄 때는 많은 잔가시가 있고 짙은 녹색을 띠고 있다.

오이는 중요한 식용작물의 하나로 생으로 먹거나 샐러드, 피클 등의 요리에도 쓰이고 향긋한 특유의 냄새로 화장품재료와 미용의 목적으로도 쓰인다.

③ 토마토(Tomato)

토마토는 가지과의 한해살이풀로 짙은 붉은빛이 도는 채소로 종류도 다양하고 많다. 토마토는 소스를 만드는 중요한 식재료 중 하나지만 강력한 항암물질을 함유하고 있어 약용으로도 많이 쓰인다.

④ 애호박(Zucchini & Squash)

호박은 박과의 식물로 열대 및 남아메리카가 원산지이고 덜 자란 어린 호박을 말한다.

과육이 부드럽고 단맛도 있어 우리나라에서 많이 쓰이는 채소 중 하나이다.

⑤ 파프리카(Paprika)

파프리카는 중앙아메리카가 원산지이며 흔히 피망과 파프리카를 혼동하기 쉬운데 파프리카는 크기가 크고 육질이 달고 아삭아삭 씹히는 맛이 있고 비타민 C를 많이 함유하고 있다. 색깔은 빨강, 노랑, 주황, 보라색, 녹색 등 5가지 색깔을 가지고 있다.

⑥ 스트링 빈스(String Beans)

스트링 빈스는 껍질이 다 자라지 않은 어린 꼬투리를 수확하여 식용 한다. 짙은 연두색을 나타내고 주로 곁들임 채소로 많이 사용하고 샐러드 등에 쓰인다.

5) 뿌리채소(Roots & Bulb Vegetable)

① 무(Turnip)

무는 우리나라에서 가장 즐겨먹는 3대 채소로 겨자과에 속하는 식물이다. 원산지에 대해서는 여러 가지 설들이 있지만 그 재배시기는 상당히 오래되었고 우리나라에서도 고려시대에 중요한 채소로 취급된 기록이 있다.

② 당근(Carrot)

당근은 미나리과 식물로 아프가니스탄이 원산지이다.
진한 주황색으로 홍당무라고도 하며 오래 씹으면 단맛이 나고 비타 민 A와 비타민 C가 많이 들어 있고 우리나라 요리에서도 빠지지 않는 중요한 뿌리채소이다.

③ 감자(Potato)

감자는 전 세계적으로 중요한 식재료로 널리 쓰이고 있다. 온대지방에서 재배를 하고 땅속에 있는 줄기 마디로부터 가는 줄기가 나와 그 줄기 끝에 덩이줄기를 형성한다. 수프, 튀김, 조림 등 다양하게 이용한다.

④ 비트(Beet Root)

비트는 명아주과에 속하는 빨간색을 가진 뿌리식물로 비트의 빨간 색소는 베타시아닌이라고 하는 물질인데 천연식용색소로 많이 쓰인다.
비트는 즙을 이용하거나 샐러드에 이용한다.

⑤ 셀러리악(Celeriac)

미나리과 식물로 셀러리루트 또는 셀러리액이라고도 한다. 줄기의 부풀어 오른 밑부분을 먹는데 떫고 아린 맛이 강해 생식으로 먹기보다는 데쳐서 요리에 이용한다.

2. 육류(Meat)

육류란 포유동물의 가식부를 말하며 우리나라에서 주로 식용하는 육류의 종류에는 쇠고기, 돼지고기, 양고기 등이 있다.

육류요리는 인간의 식생활에 꼭 필요한 다섯 가지 영양소를 골고루 공급해주고 특히 단백가가 높은 양질의 단백질을 공급해 준다.

① 쇠고기(Beef)

소는 약 1만 년 전부터 서부아시아인들이 소를 사육하기 시작했다고 하며 현재의 소는 개량종이고 우리나라의 재래종 소는 인도 계통이 조상이다.

한우는 한국소를 뜻하며 국내산 쇠고기는 외국의 소가 국내에 들어와 6개월 이상 사육한 뒤 도살된 쇠고기를 국내산 쇠고기라 한다. 젖소고기는 우유를 짜고 영양소가 모두 빠져 나간 늙은 소를 도살한 고기로 육질이 질기고 맛이 떨어져 가격이 저렴하다.

쇠고기를 이용한 조리법은 그 나라의 문화와 종교에 따라 다르며 우리나라의 전통 쇠고기 조리법으로는 너비아니, 불고기 등이 있다.

〈쇠고기의 부위별 명칭 1〉

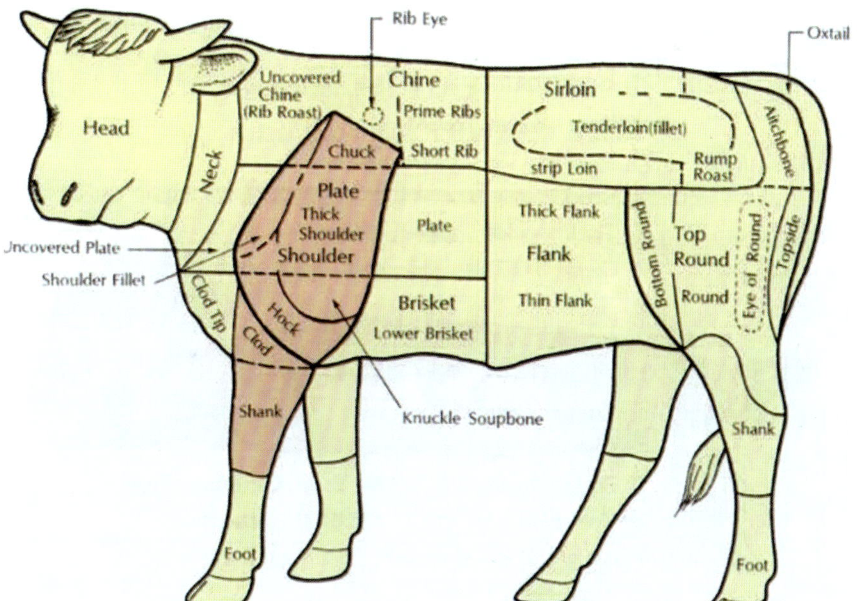

〈쇠고기의 부위별 명칭 2〉

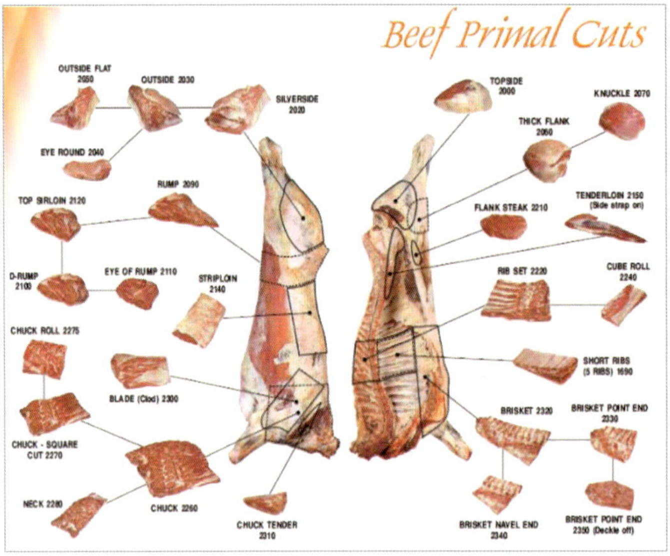

※ 쇠고기의 분류

- **수송아지** 어려서 거세한 소로 최상급에 속하며 2.5~3살에 도축한다.
- **어린 암소** 송아지를 출산하지 않은 처녀암소로 수송아지 다음으로 품질이 우수하고 2.5~3 살에 도축한다.
- **암소** 1~2마리의 송아지를 출산한 소
- **거세한 황소** 성숙이 끝난 뒤 거세한 소로 품질이 낮아 통조림용으로 사용한다.
- **황소** 성숙이 끝나고 거세하지 않은 수컷 소로 지방층보다 육질이 많아 소시지나 건조용으로 사용한다.

② 돼지고기(Pork)

돼지고기는 거의 모든 부위가 다 사용되며 돼지기름과 내장류는 소시지에 사용된다. 돼지고기의 주성분은 단백질과 지방질이고 무기질과 비타민류가 소량 함유되어 있다. 지방의 성질은 육질, 즉 지방이 고기맛을 좌우하는데 이 지방이 희고 단단한 것이 고기의 맛도 좋다.

돼지고기의 부위는 안심, 등심, 볼깃살, 어깨살, 삼겹살과 내장 그 외 족과 머리 등의 부산물로 분리되고 돼지고기의 육질을 이용하여 소시지, 햄, 베이컨 등으로 가공한 가공품도 많다. 돼지고기의 지방은 연화작용이 있어 지방을 남겨두고 조리하면, 익은 고기가 파삭파삭하지 않고 부드럽고 연한 조직을 유지할 수 있다. 또한 돼지고기는 잡식성이라 기생충에 노출될 확률이 높으므로 완전히 익도록 조리를 해야 한다.

〈돼지고기의 부위별 명칭 1〉

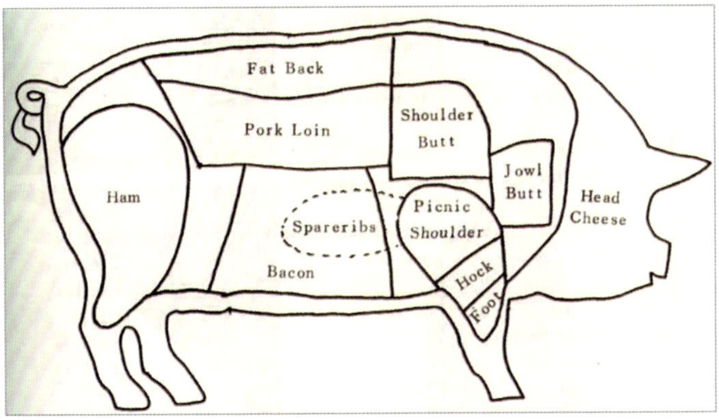

〈돼지고기의 부위별 명칭 2〉

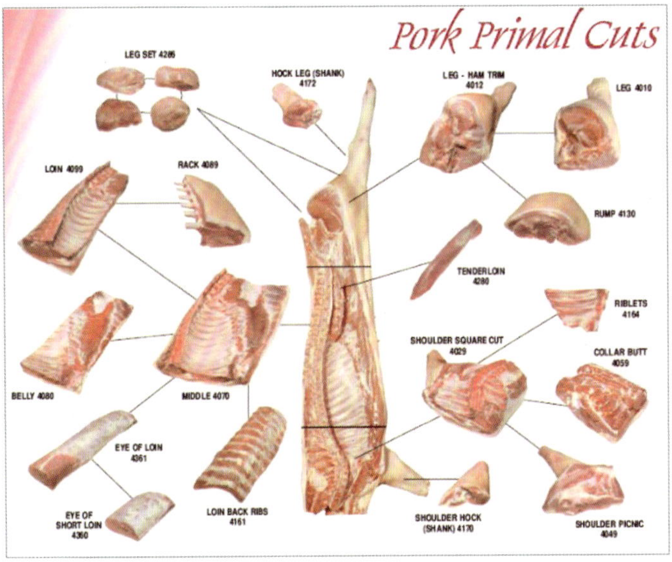

③ 양고기(Lamb)

양고기의 근섬유는 가늘고 조직이 약하기 때문에 소화가 잘되나 양고기만의 특유의 향이 있고, 양고기의 향은 연령이 많을수록 강하게 나타나기 때문에 냄새를 제거하기 위하여 민트, 로즈마리 등의 향이 강한 향신료를 많이 사용한다. 양고기 요리는 서남 아시아인들이 즐겨 먹는 육류이고, 양갈비구이는 유명한 요리 중의 하나이다.

〈양고기의 부위별 명칭 1〉

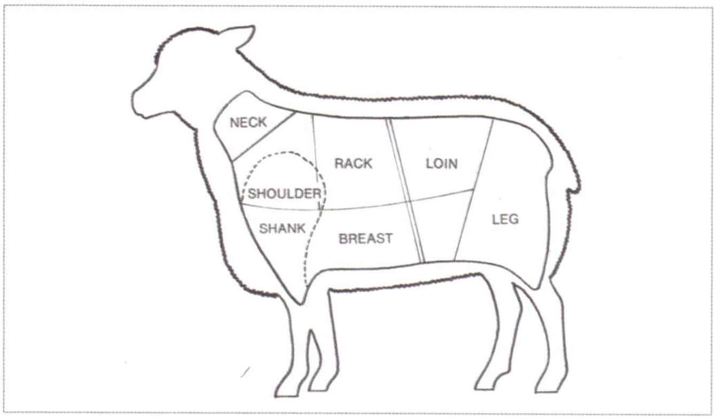

〈양고기의 부위별 명칭 2〉

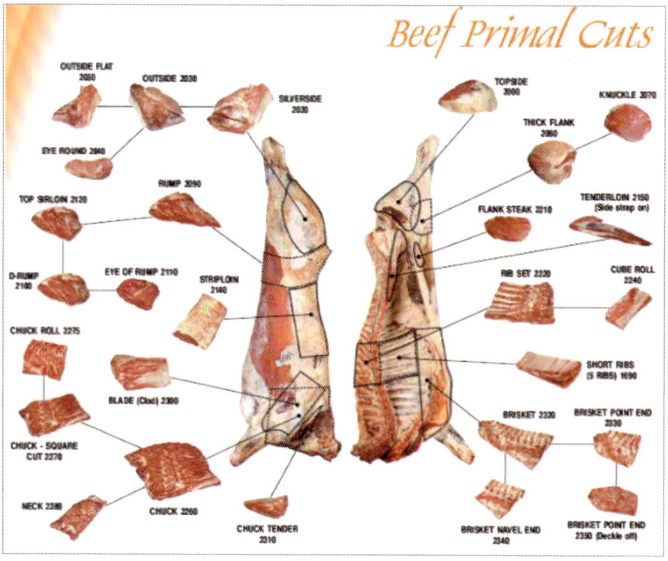

3. 가금류(Poultry)

가금류는 조류 중에서 알이나 고기의 생산을 목적으로 사육되고 있는 조류들과 야생조류라고 분류되는 조류들을 포함한다. 식용가금류는 닭, 오리, 칠면조, 거위, 꿩 등이 있는데 우리나라에서는 닭고기를 많이 식용하고 있으며 서양에서는 칠면조를 즐겨 먹는다. 또한 중국에서는 북경오리 고기가 유명하다.

이외에도 프랑스에서는 세계 3대 진미 요리 중의 하나인 거위의 간을 요리한 푸아그라(Foie Gras)가 매우 유명한 요리이기도 하다.

① 오리(Duck)

오리고기는 다른 가금류에 비하여 불포화지방산 함량이 높을 뿐 아니라 필수지방산 함량이 높아 콜레스테롤 수치를 낮춰주는 역할도 한다. 대부분의 육류가 산성인데 오리고기는 알칼리성을 나타내는 식품이라 체질이 산성화되는 것을 막아주는 역할도 한다.

② 닭(Chicken)

우리나라에서 가장 즐겨먹는 가금류 중의 한 종류로 닭고기를 가장 많이 식용하고 있는데 닭고기는 근섬유가 가늘고 섬세하며, 부위에 따라 지방 함량과 색이 다르다. 닭가슴살의 흰살에는 단백질이 많으나 지방이 적어 퍽퍽한 맛이 있고 다릿살이나 날개살에는 다른 부위에 비해 지방이 많아 부드럽고 쫄깃한 맛이 있다.

닭고기는 조리하기도 쉽고 영양가가 높아 전 세계적으로 폭넓게 이용하고 있는 식재료 중 하나 이다.

③ 칠면조(Turkey)

칠면조의 몸은 청동색 외에 백색, 흑색 등 품종에 따라 다르고 북아메리카와 멕시코가 원산지이다.

육류에 비해 단백질 함량이 많고 지방이 소고기처럼 근육 내에 섞여 있지 않기 때문에 맛이 담백하고 소화흡수가 잘 된다. 또한 다른 육류에 비해 칼로리 함량이 매우 낮은 식품이다.

4. 어패류(Fish)

어패류는 크게 어류, 연체류, 갑각류로 분류된다.

어패류는 사람의 식생활에 있어 매우 중요한 식품공급원으로 전 세계적으로 인기가 많은 식재료 중의 하나이다

어패류는 고단백, 저지방 식품으로 소비가 계속 증가하는 추세에 있다. 어패류는 불포화지방산 함량이 높아서 쉽게 산패하므로 보관에 신경을 써야 한다.

1) 어류

① 연어(Salmon)

청어목 연어과에 속하는 바닷물고기로 민물에서 부화된 연어가 6㎝ 정도로 자라면 바다로 내려가고 3~5년 뒤 성숙한다. 바다에서 성숙하여 강으로 되돌아와 산란을 하는 회유성(回遊性) 어종으로 전 세계적으로 인기가 높은 어종 중의 하나이다.

② 농어(Bass & Perch)

농어는 우리나라, 중국, 타이완, 일본 각지 연안, 남중국해에 분포하여 서식하며 비늘이 많고 날카로운 지느러미가 있으며 육질이 희고 탄 력이 있어 맛이 좋고 부드러운 어류로 지방의 함량이 많으며, 단백질도 높다. 우리나라에서는 생식을 즐겨먹는다.

③ 송어(Trout)

송어는 물이 차고 깨끗한 1급수 물에서만 사는 회유성(回遊性) 어류로 바다에서 살다가 산란기에 강으로 돌아온다.

최근에는 환경오염의 문제로 서식지가 점차 줄어들고 찾아보기 어려운 어종이 되고 있다. EPA 및 DHA의 조성비가 높고 연어와 같이 붉은 생선살을 나타낸다.

④ 철갑상어(Sturgeon)

철갑상어는 살아 있는 화석으로 불릴 정도로 오래된 어종으로 철갑상어과에 속하는 바닷물고기로 한국·중국·일본·시베리아·카스피해·북태평양에 분포한다. 철갑상어의 난소를 소금에 절인 식재료를 캐비어라 하는데 세계 3대 진미 식재료 중의 하나로 고급식품으로 알려져 있다. 하지만 캐비어를 얻기 위해 무분별한 어획으로 그 개체수가 많이 줄어 심각한 멸종위기에 처해 있다.

⑤ 참치(Tuna)

고등어과에 속하는 바닷물고기로 몸은 방추형으로 비만하고, 머리는 원뿔형이다. 바다표면 가까운 곳에서 무리를 지어 활동을 하고 있 다. 참치는 대표적인 고단백질 저칼로리 식품이며 운동량이 많고 산소 공급량이 많아 미오글로빈 양도 많다. 이 밖에 DHA·오메가 3지방산 등 필수지방산이 풍부하여 두뇌에 영양을 공급하고, 성인병 예방에도 움이 되는 영양소가 들어 있다.

⑥ 청어(Herring)

청어과에 속하는 바닷물고기로 몸길이가 약 35㎝ 정도 되고 등쪽은 흑청색이고 배쪽은 은백색이다. 청어는 냉수역에서 서식하는 회유성(回遊性) 어류로 대규모 집단으로 움직이며 생활을 한다. 청어에는 다량의 불포화지방산을 함유하고 있어 각종 성인병 예방에 좋다.

⑦ 도미(Snapper)

감성돔과에 속하는 바닷물고기로 몸은 거의 타원형으로 납작하고 등이 높다. 몸 등쪽은 붉은색, 배쪽은 노란색 또는 흰색으로 주로 수심이 10~200m의 바닥 기복이 심한 암초지역에 서식한다. 그리고 머리와 뺨에도 비늘이 있고 특히 등·배·뒷지느러미에 가시가 있어 손질시 조심해야 한다.

⑧ 대구(Cod)

대구는 머리가 크고 입이 커서 대구(大口) 또는 대구어(大口魚)라고 불리는 어류로서 비린 맛이 없고 담백해서 오래전부터 많은 사람들이 즐겨 먹었다. 대구의 살은 부드럽고 맛있지만 다른 생선에 비해 살이 물러서 쉽게 상하기 때문에 싱싱한 대구를 사려면 상당한 주의를 기울여야 한다.

⑨ 멸치(Anchovy)

멸치는 청어목 멸치과의 바닷물고기로 표면 가까운 곳에서 무리를 이루어 지내며 등쪽은 짙은 푸른색이며 중앙과 배쪽은 은백색을 나타낸다. 말린 멸치는 육수용으로 많이 쓰인다.

⑩ 정어리(Sardine)

정어리는 청어과의 바닷물고기로 몸길이는 20~25cm이고, 정어리류는 플랑크톤을 먹고 성장하는 회유어로 동해와 일본의 태평양 연해에 분포하고 겨울철에 특히 맛이 좋다.

⑪ 고등어(Mackerel)

고등어과에 속하는 바닷물고기로 몸은 방추형이고 길이는 20~50cm이다. 어획시기에 의해서 성분이 변동하고 가을이 제철이다. 히스티딘이나 글루탐산 등의 유리아미노산이나 지미성분인 이노신산의 함량이 높고 DHA·오메가 3지방산 등 필수지방산이 풍부하다.

⑫ 광어(Halibut)

광어는 넙치라고도 불리며 몸길이가 30cm 정도이고 몸이 납작하며 긴 타원형으로 두 눈은 몸의 왼쪽에 있다. 우리나라의 전 연안에 많고 겨울철에는 심해의 모래바닥에 주로 서식한다. 광어는 맛이 좋고 기생충의 우려가 없으므로 생식용으로도 인기가 많다.

⑬ 솔(Sole)

도버 해협에서 잡히는 참서대의 일종으로 쫄깃쫄깃한 살과 향기가 좋다.

⑭ 가자미(Flounder)

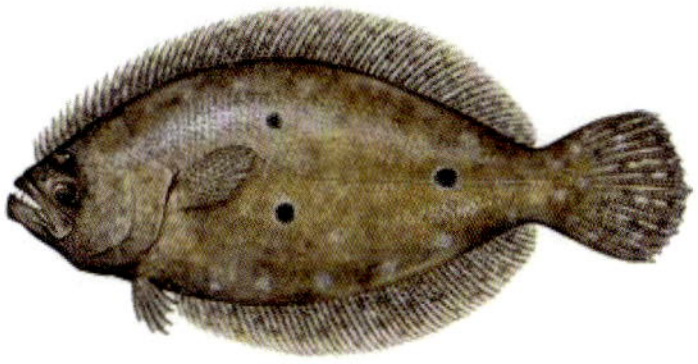

가자미과에 속하는 물고기의 총칭으로 광어와 비슷하게 생겼으나 어린 치어기에는 눈이 양쪽에 위치해 있지만, 성장하면서 두 개의 눈은 몸의 오른쪽으로 기운다. 눈이 있는 방향을 위로 하여 100m 이상의 깊은 해저에 산다.

⑮ 홍어(Skate)

홍어는 가오리과에 속하는 물고기로 가오리는 몸이 가로로 넓적하고 꼬리가 긴 근해어다. 우리나라는 서해 흑산도의 홍어가 특히 유명하고 가오리는 등이 누렇고 살색도 노르스름한데 비해 홍어는 등이 거무스름하고 살색이 희다. 우리나라 전남지방에서는 삭힌 홍어를 즐겨 먹는다.

2) 연체류(Mollusks)

① 전복(Abalone)

동해안에 생식하는 전복류는 10여 종류이고 해변의 수심이 20m 정도에서 서식하며, 물결이 거친 암초대에 생식하여 야행성으로 미역, 다시마 등의 갈조류를 먹이로 하고 있다. 우리나라 남해지역에서 전복을 양식하여 생산한다.

② 조개(Clam, Shellfish)

조개는 두 장의 단단한 껍데기로 몸을 둘러싸고 있는 연체동물로 바닷가, 호수, 강이나 시냇물에 서식한다. 조개에는 필수아미노산이 풍부하고 타우린성분이 다량 함유되어 있다.

③ 굴(Oyster)

식용종인 참굴을 말하며 굴조개라고도 한다.

굴은 단단한 바위나 물체에 부착해서 살고 있으며 바다의 우유라고 불릴 정도로 비타민과 무기질 등의 영양소가 풍부하다.

④ 관자(Scallop)

관자는 수심이 10~50m의 암초지대 또는 모래, 자갈 바닥 등에 산다. 아미노산인 라이신, 스테오닌 등의 함량이 높다.

⑤ 오징어(Squid & Cuttle Fish)

연안에서 심해까지 살고 있으며, 육식성으로 작은 물고기·새우·게 등을 먹으며 몸길이가 최소 2.5cm에서 최대 15.2m까지 이르는 대왕오징어도 있다. 오징어 먹물은 항균, 항암작용을 하는 것으로 알려져 있고 오징어 먹물을 이용한 요리도 많이 선보이고 있다.

⑥ 문어(Octopus)

문어는 두족류에 속하는 연체동물로 중국, 동해안, 한국, 일본, 캐나다와 미국의 서해안 등 북태평양 연안에 서식하고 둥근머리 모양에 빨판이 달린 8개의 다리가 입 주위에 달려 있다.
또한 먹물 주머니가 있어 위협을 느끼면 먹물을 뿜고 달아나며 환경에 따라 자신의 피부색을 바꿔 자신을 보호한다.

3) 갑각류(Crustaceans)

① 게(Crab)

게는 전 세계 4,500여 종으로 광범위하게 분포되어 있으며 한국에는 183종이 분포한다. 수심이 깊은 바다에 사는 종도 있지만 대개는 대륙붕 근처에서 많이 산다. 게는 필수아미노산이 많이 함유되어 있고 특히 게살에는 타우린과 비타민 등이 다량 함유되어 있다.

② 바닷가재(Lobster)

바닷가재는 태평양 인도양, 대서양 연근해 등에 분포해 있으며 육지와 가까운 바다 밑에 산다. 낮에는 굴 속이나 바위 밑에서 지내다 밤이 되면 활동을 하고 게나 고둥, 작은 물고기 등을 잡아먹는다. 콜레스테롤과 지방함량이 적다.

③ 새우(Shrimp & Prawn)

새우는 전 세계에 약 2,500여 종이 있으며 담수, 바닷물에 고르게 분포되어 있으며 때로 무리를 지어 사는 습성이 있다. 키토산, 칼슘, 타우린 등을 풍부하게 함유하고 있다.

5. 향신료(Herb)

동·서양의 모든 요리는 아주 오래 전부터 음식에 향신료를 이용해 왔다. 향신료는 수조·육류·생 선류 등에서 나오는 여러 가지 불쾌한 냄새나 잡냄새를 제거하기 위해서 또는 음식의 맛과 향을 증진시키고 가니쉬 등의 목적으로 사용해 왔다. 향신료의 정의를 보면 "식품에 향미를 주기 위해 사용 되는 것으로 향 또는 자극성을 가진 식물"이라고 정의를 내리고 있다.

향신료는 식물의 종자, 과실, 꽃, 잎, 껍질, 뿌리 등 식물에서 골고루 얻을 수 있고 향신료는 그 나라의 고유 민족의 식생활에 따라서 그 종류, 분류를 다르게 나타내고 있다. 또한 향신료는 음식의 보존제 및 첨가물, 착색제로도 사용하고 있다. 이러한 향신료는 용도에 따라 허브도 되고 스파이스 (Spice)도 되는데 스파이스를 페퍼, 시나몬, 넛맥, 메이스, 올스파이스 등 방향성 식물에서 얻어지는 것으로 조리할 때 음식물에 맛을 내거나 향미를 첨가하는 부향제로 쓰이는 식물성 조미료 또는 약미로서 보통 분말상태이거나 이것을 다시 혼합하여 조미료를 포함시켜 스파이스라고 한다.

1) 잎 향신료(Leaves Herb)

① 바질(Basil)

바질은 요리에서 중요한 위치를 차지하는 향신료로서 달콤하면서도 강한 향기가 있어 잎을 뜯기만 해도 향이 퍼질 정도다.

바질은 두통뿐 아니라 구내염, 류머티즘, 강장효과가 있어 약용으로 널리 사용되기도 한다.

② 민트(Mint)

민트는 상쾌한 향기와 시원한 청량감이 있어 요리 이외에도 방부, 살균작용, 위나 장의 강장효과 등 약용으로도 널리 쓰이고 있다. 요리에서 가장 많이 쓰이는 민트는 페퍼민트, 스피아민트, 애플민트 등이 있고 요리 외에도 제빵, 음료에도 많이 사용한다.

③ **처빌(Chervil)**

미나리과에 속하는 한해살이풀로 언뜻 보기에는 파슬리와 비슷한 외관을 가지고 있고 처빌만의 독특한 향이 있다. 이뇨작용에 뛰어난 약효가 있고 저혈압에도 좋다. 처빌은 주로 수프나 샐러드 등에 쓰인다.

④ **파슬리(Parsley)**

파슬리는 대표적인 녹색채소로 우리나라에서는 가니쉬로 많이 쓰이고 있는데 파슬리는 특유의 독특한 향을 가지고 있어 육류와 생선요리에 많이 쓰이고 있다. 특히 비타민 A를 많이 함유한 향신료다.

⑤ **로즈마리(Rosemary)**

로즈마리는 바늘 같은 잎을 가진 여러해살이 식물로서 강한 향이 난다. 강장제, 진정제, 해독제 등으로 뛰어난 효과가 있어 가정에서 관상용으로 인기가 많은 향신료이며 요리에서는 육류와 생선요리에 쓰이 고 있다.

⑥ **월계수잎(Bayleaf)**

월계수 나무는 고대 그리스 시대에 전투나 승리자에게 씌워 주었던 관으로 유명하다. 월계수의 생잎은 쓴맛이 있어 대부분 건조시켜서 사용하고 서양요리에서는 빠지지 않고 많이 쓰이는 향신료 중 하나이다. 주로 소스를 만들 때 부향제로 많이 쓰이고 방부력도 뛰어나다.

⑦ 마조람(Marjoram)

마조람은 단맛과 매운맛을 가진 두 종류가 있는데 특유의 향기가 있어 고대시대에는 목욕제와 살균제, 보존제로 즐겨 이용하였으며 요리에서도 육류, 생선, 소스, 수프 외에도 음료로도 다양하게 즐기는 향신료이다.

⑧ 타임(Thyme)

타임은 '사향초'라고도 하는 향신료로 약용식물로 인기가 있어 불면증이나 불안증, 신경성 질환에 뛰어난 효능이 있어 음료나 차로 즐겨 마셨다. 요리에서는 소스, 육류, 생선요리 등에 폭넓게 사용하고 있다.

⑨ 세이지(Sage)

세이지는 '세루비아'라고도 불리는 향신료로 강한 향을 가지고 있으며 만병통치약으로 알려져 있을 정도로 약효가 뛰어나다.

⑩ 레몬밤(Lemon Balm)

레몬밤은 꽃에 꿀이 많아 꿀벌이 많이 모여들어서 붙여진 이름이라고 한다. 레몬의 향미 때문에 프랑스인들은 차로 즐겨 마셨고 목욕제로도 인기가 있다. 요리에는 육류, 생선, 샐러드에 많이 이용하고 냉음료, 과자, 셔벗 등에도 쓰이고 있다.

⑪ 딜(Dill)

딜이라는 이름은 '진정시키다'라는 뜻을 가지고 있어 예부터 진정효과가 뛰어나고 중국에서도 생약으로 많이 쓰인다.

요리에는 육류, 생선, 가금류 등에 이용하고 절임요리에도 많이 이용하는데 특히 피클에서는 빼놓을 수 없는 향신료이다.

⑫ 차이브(Chive)

차이브는 백합목 백합과의 여러해살이풀로 파의 일종으로 어린 실 파와 비슷하게 생겼으나 파와 같은 매운맛은 없다.

2) 씨앗 향신료(Seeds Spice)

① 육두구(Nutmeg)

육두구는 예부터 서양에서는 귀중하게 쓰인 스파이스이며 동양에서 는 한약제로 사용하였다. 육두구 열매의 배아를 건조시킨 것이 넛맥이고, 열매를 싸고 있던 과육을 말린 것을 메이스(Mace)라고 한다. 넛맥은 강한 향이 있어 미각을 자극하여 요리는 물론 제과에서도 사용하지만 가격이 비싼 고급 향신료에 속한다.

② 커민(Cumin)

커민은 노랑 또는 연한 갈색을 띠고 있는 식물로 씨를 향신료로 이용하고 부드러운 잔털로 덮여 있다. 맛은 쓴맛, 매운맛, 맛난맛 등 여러 가지 맛을 지니고 있고 로마시대에는 후추처럼 사용하는 향신료였다.

요리에는 치즈, 피클, 수프, 빵 등에 이용한다.

③ 칼더먼(Cardmon)

칼더먼은 독특하고 강한 향기와 약간의 쓴맛이 있고 매운맛이 있는 것이 특징이다. 요리의 부향제로 널리 사용되는데 사프란 못지 않은 고가의 스파이스이고 인도에서는 커리파우더에 들어가는 필수 재료이다.

④ 흰 후추(White Pepper)

후추열매의 껍질을 벗긴 후 건조시킨 것을 흰 후추라고 한다. 껍질을 벗겨내지 않고 그대로 말린 것은 검은 후추인데 검은 후추보다는 매운맛이 덜하다. 소량의 후추는 소화를 촉진시키고 식욕을 자극하고 백후추는 생선이나 연한색의 소스에 많이 이용된다.

⑤ 양귀비 씨(Poppy Seed)

양귀비는 '모르핀'이라고 하는 환각제가 들어 있어 마약의 주원료로 사용되어 우리나라에서는 재배가 금지된 식물이다. 양귀비 꽃봉우리 안에 양귀비씨가 3만 2천여 개 정도 들어 있는데 이 씨앗을 말리거나 삶아서 요리에 사용하고 조리목적의 양귀비 씨는 수입이 허락되어 소스, 수프, 제빵에서 사용한다.

3) 열매 향신료(Fruit Spice)

① 파프리카(Paprika)

파프리카는 선홍색의 원추형 열매이며 이 열매의 씨를 제거한 후 건조시켜서 분말로 만든 것이 파프리카 분말인데 스페인산은 빨간색으로 달콤하고 헝가리산은 검붉고 얼얼한 맛이 있다.

② 올스파이스(All Spice)

올스파이스는 익기 직전의 열매를 따서 건조시켜 사용하는 향신료로 후추에서 느끼는 매운맛은 없으나 상쾌하고 달콤하면서도 쌉쌀한 맛이 있어 '자메이카 후추'라고 불리기도 한다. 주로 육류, 생선, 절임 류, 소시지 등에 사용한다.

③ 검은 후추(Black Pepper)

성숙한 후추열매를 수확하여 그대로 말린 것이다. 흰 후추에 비해 검은 후추가 더 맵고 맛이 강하다. 서양조리에서는 빠져서는 안될 중요한 향신료로 육류나 생선의 비린내 제거에 많이 사용한다.

4) 꽃 향신료(Flower Spice)

① 정향(Clove)

정향은 정향나무의 꽃봉오리를 수확해서 햇빛에 말린 것으로 정향 특유의 향이 강하고 매운맛이 있다. 정향은 부향제, 살균제, 방부제로도 많이 쓰이는데 요리에서는 햄, 소시지, 절임류 등에 쓰이고 푸딩, 과자류에도 사용한다.

② 사프란(Saffron)

사프란은 온난하고 비가 적은 곳에서 잘 자라는데 유럽 남부와 소아시아가 원산이다. 꽃에서 나는 암술대를 말려서 사용하는데 모든 작업이 수작업으로 이루어지기 때문에 세계에서 가장 비싼 향신료로 유명하고 약이나 염료로 사용하기 시작하였고 요리에서는 천연 노란색 색소로 많이 쓰인다.

③ **케이퍼(Caper)**

케이퍼는 꽃이 피기 전의 꽃봉오리를 식초에 절여서 만든 향신료로 지중해 연안에 널리 자생하고 있는 식물이다. 약간의 매운맛이 있고 육류, 생선, 드레싱, 소스 등에 사용한다.

5) 뿌리 향신료(Root Spice)

① **마늘(Garlic)**

마늘은 우리나라에서도 빠지면 안될 중요한 뿌리 향신료로 백합과의 다년초식물이다. 여러 개의 얇은 비늘로 싸여 있으며 강한 향과 매운맛이 있어 과거에는 살균작용제로 쓰였다고 한다.

② **생강(Ginger)**

생강은 우리나라에서 약재로 더 많이 쓰일 정도로 그 약효와 효능이 뛰어난 뿌리식물로 강한 향과 매운맛을 가지고 있는 향신료다. 육류나 어류의 잡냄새 제거에 좋다.

③ **와사비(Wasaby)**

와사비는 일본의 음식문화에서 가장 대표적인 향신료로 강한 매운 맛과 순간적으로 톡쏘는 맛이 있어 입안이 얼얼하다. 겨자과의 풀로 비교적 깨끗한 환경에서 자라는 식물이다.

④ **호스래디시(Horseradish)**

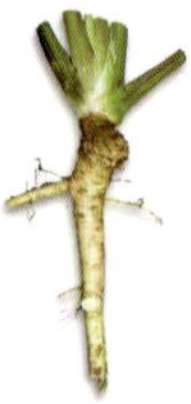

호스래디시는 서양와사비로 많은 사람들에게 알려져 있는데 와사비와 같이 매운맛이 나고 강한 향을 가지고 있으나 향신료에 열을 가하면 그 향미가 사라져 버린다. 호스래디시는 육류요리나 훈제연어 요리에 즐겨 먹는다.

6. 치즈(Cheese)

치즈는 우유로 만든 유제품 중의 한 가지로 유단백질인 카제인을 레닌이라는 효소로 응고시켜 얻어진 우유성분의 고형물이다.

현재 전 세계적으로 만들어지고 있는 치즈의 종류는 800종 이상이며 지금까지 알려진 치즈의 종류는 2,000종이다.

치즈는 숙성과정에서 세균, 곰팡이, 온도, 기후 등의 영향을 받기 때문에 똑같은 방법으로 제조했어도 지역에 따라 맛의 차이가 있을 수 있다.

치즈는 영양적으로 단백질, 비타민, 무기질 등의 영양소가 골고루 함유된 완전식품이므로 영양학적 가치가 매우 높은 식재료이다.

1) 연질치즈(Soft Cheese)

연질치즈는 가장 부드러운 치즈를 말하는데 이는 치즈 안에 들어 있는 수분함량 때문이다. 보통 연질치즈는 비숙성·세균성·곰팡이 숙성으로 분류하는데 수분이 보통 40~60% 정도 함유되어 있어 보관이 용이하지 않으므로 유통기간이 다른 치즈에 비해 짧고 저온 보관해야 하는 단점이 있다.

① 크림치즈(Cream Cheese)

크림치즈는 우유에 크림을 섞어 만든 비숙성 치즈로 미국에서 가장 인기 있는 치즈이며 숙성을 하지 않기 때문에 맛이 부드럽고 크림 같아서 빵에 발라 먹거나 카나페, 치즈케이크 등과 곁들여 먹는다.

② 버팔로 모짜렐라 치즈(Buffalo Mozzarella Cheese)

모짜렐라 치즈는 물소의 젖으로 만든 비숙성 치즈로 숙성특유의 냄새가 없이 크림처럼 부드럽다. 버팔로 모짜렐라 치즈는 열을 받아 녹으면 실처럼 늘어나는 성질이 있고 샐러드나 샌드위치 등의 요리용으로 즐겨먹는다.

③ 리코타 치즈(Ricotta Cheese)

리코타 치즈는 이탈리아의 비숙성 치즈로 소젖 또는 양젖을 원료로 만드는데 지방함량은 20~30%이다. 풍미는 상큼하고 단맛이 있어 꿀이나 잼을 올려 디저트로 많이 사용한다.

④ 마스카포네(Mascarpone)

마스카포네는 비숙성 치즈로 이탈리아가 원산지이며 우유에서 분리한 크림이 원료이기 때문에 지방함량이 50~60%로 매우 높고 크림처럼 부드럽고 치즈 특유의 냄새가 없어 빵에 발라먹기도 하고 보통 디저트의 재료로 많이 쓰인다.

⑤ 브리에(Brie)

브리에는 프랑스의 대표적인 치즈로 곰팡이 숙성치즈이다.

브리에는 프랑스의 지명에서 유래된 이름인데 치즈의 왕으로 뽑혔을 정도로 인기있는 치즈다. 치즈의 외관은 하얀 껍질을 가지고 있고 내부는 크림색을 띤 부드러운 치즈이며, 와인과 디저트에 잘 어울린다.

⑥ 카망베르(Camembert)

카망베르는 브리에와 같이 프랑스의 대표적인 곰팡이 숙성치즈로 카망베르의 지명에서 유래된 이름이다. 외관은 하얀 껍질을 가지고 있고 내부는 부드러운 크림처럼 부드럽고 말랑말랑하다. 와인과 디저트에 잘 어울리는 치즈이고 빵이나 비스킷에 발라 먹기도 한다.

⑦ 끌로미에(Coulommiers)

끌로미에 치즈는 곰팡이 숙성치즈로 브리에 치즈보다 작지만 두께가 더 두껍고 외관은 카망베르 치즈와 비슷하다. 부드럽고 아몬드 맛이 나며 디저트 치즈로 사용한다.

2) 반경질치즈(Semi Hard Cheese)

반경질치즈는 세균 숙성치즈와 곰팡이 숙성치즈로 분류되고 수분함량이 40~50%로 응유를 압착하여 만든다.

① 로크포르(Roquefort)

로크포르 치즈는 세계 3대 블루치즈 중의 하나로 프랑스가 원산지이며 세계에서 가장 오래된 치즈로 알려져 있다. 원통모양의 푸른색 곰팡이가 퍼져 있고 누르면 쉽게 부서진다. 아비뇽 지역의 석회암굴에서 숙성시켜야 최고의 맛을 낼 수 있다.

② 고르곤졸라(Gorgonzola)

고르곤졸라 치즈는 세계 3대 블루치즈 중의 하나로 이탈리아가 원산지이며 소젖으로 만든다. 외관은 적갈색으로 까칠까칠하나 내부는 크림같이 부드럽고 푸른색 곰팡이가 치즈에 퍼져 있다. 속은 부드러운 크림 형태이다.

③ 스틸톤(Stilton)

스틸톤 치즈는 세계 3대 블루치즈 중의 하나로 영국이 원산지이며 치즈의 이름도 지명에서 붙여졌다. 스틸톤은 페니실린이라는 푸른곰팡이로 숙성시켰기 때문에 치즈 내부에 푸른색 곰팡이가 전체적으로 퍼져 있는 것이 특징이다.

④ 모짜렐라 치즈(Mozzarella Cheese)

모짜렐라 치즈는 세균숙성으로 만든 치즈이며 흔히 '피자치즈'로 많이 알려진 치즈이다. 실처럼 늘어나는 성질이 있어 피자나 리조또 등의 요리에 많이 쓰이고 있다.

⑤ 페타(Feta)

페타 치즈는 레닌이라는 효소를 넣어 응고시킨 반경질치즈로 그리스의 목동들이 남은 우유를 저장하려고 만든 치즈이다. 밝은 하얀색으로 부서지기 쉽고 치즈의 간이 강한 것이 특징이다.

3) 경질치즈(Hard Cheese)

경질치즈는 대부분 산악지역에서 생산되며, 세균에 의한 숙성치즈로 수분함량이 30~40% 내외이다. 제조과정은 응유를 끓인 다음 세균을 첨가하여 숙성시키는 치즈다.

① 그뤼에르(Gruyere)

그뤼에르 치즈는 스위스 치즈이며 세균 숙성시킨 치즈다. 무살균 우유를 가열 압착하여 숙성시킨 치즈로 에멘탈 치즈에 비해 맛과 향이 강하고 퐁듀요리에 사용하는 대표적인 치즈이다.

② 에멘탈(Emmental)

에멘탈 치즈는 스위스의 대표적인 치즈로 생우유를 가열 압착시켜 숙성시킨 치즈이다. 원반형으로 지름이 1m 가까이 되는데 무게가 대략 60~100kg인 세계 최대의 치즈이다. 치즈의 내부는 균에 의한 가스 발포로 치즈 내부에 구멍이 형성된다.

③ 체더(Cheddar)

체더 치즈는 영국의 체더마을의 지명에서 만들어진 이름이며 우유를 압착해 오래 숙성시킨 치즈이다. 10℃ 이하의 저온에서 5~8개월 숙성시키면 맛이 더욱 좋아진다.

④ 락클레트(Raclette)

락클레트 치즈는 스위스 발레지방에서 만들어진 치즈인데 원래는 발레치즈라고 불렸으나 19세기 이후에 락클레트로 바뀌었다고 한다.

치즈에 열을 가해 녹으면 빵, 채소, 감자 등에 함께 곁들여 먹고 부드럽고 시큼한 맛이 난다.

⑤ 고다(Gouda)

고다 치즈도 네덜란드의 대표적인 치즈로 6세기경에 처음 만들어진 역사가 오래된 치즈다. 우유를 짜서 압착하여 숙성시킨 치즈로 숙성기 간은 1년에서 최대 4년까지이며 처음에는 부드럽지만 숙성될수록 독특하고 강한 맛이 나는 치즈이다.

⑥ 에담(Edam)

에담치즈는 네덜란드의 대표적인 치즈로 에담지역이 원산지이다. 붉은색 왁스를 코팅한 구형 모양으로 탈지 또는 부분탈지 우유를 사용하여 지방함유율이 낮고 버터향이 나며 약간의 신맛이 있다.

4) 초경질치즈

초경질치즈는 수분함량이 20~30%로 매우 단단한 치즈이다. 초경질치즈로 대표적인 치즈는 이탈리아의 파메산 치즈와 로마노 치즈가 있다.

① 파메산(Parmesan)

수분함량이 매우 적은 초경질치즈로 이탈리아의 파르마(Parma)의 지명을 따서 지었다. 숙성기간이 3~4년으로 다른 치즈에 비해 길며 조직이 매우 단단하므로 분말치즈로 만들어 피자나 스파게티에 뿌려 먹는다.

② 그라나 파다노(Grana Padano)

그라나 파다노 치즈는 이탈리아의 파다나평야에서 우유를 써서 가열 압축하여 숙성시킨 치즈이다. 이탈리아 요리에서는 빠지지 않고 사용할 정도로 인기가 높은 치즈이며 분말치즈로 가공하여 사용한다.

NCS를 기반으로 하는 서양조리 실무

WESTERN CUISINE

PART 2
실기편

Ⅰ. 양식 스톡조리

분류번호 1301010202_14v2

능력단위 명칭 양식 스톡조리

능력단위 정의 양식 스톡조리는 육류, 어패류, 채소류 등을 활용하여 조리에 사용되는 육수를 조리하는 능력이다.

능력단위요소	수행준거
1301010202_14v2.1 스톡재료 준비하기	1.1 조리에 필요한 부케가르니(Bouquet Garni)를 준비할 수 있다. 1.2 스톡의 종류에 따라 미르포아(Mirepoix)를 준비할 수 있다. 1.3 육류, 어패류의 뼈를 찬물에 담가 핏물을 제거할 수 있다. 1.4 브라운스톡은 조리에 필요한 뼈와 부속물을 오븐에 구워서 준비할 수 있다.
	【지 식】 • 스톡의 종류와 조리법 • 용도별 칼, 도마 사용법 • 육류, 어패류의 주재료 특성과 용도 • 채소의 종류와 특성
	【기 술】 • 냉장, 냉동고 관리 능력 • 메뉴의 특징에 맞는 재료 손질 능력 • 미르포아를 만들 수 있는 능력 • 부케가르니를 만들 수 있는 능력 • 스토브 조작능력 • 오븐 조작능력 • 육류, 어패류 뼈, 부속물 손질 능력

능력단위요소	수행준거
	2.1 찬물에 재료를 넣고 서서히 끓일 수 있다. 2.2 끓이는 과정에서 불순물이나 기름이 위로 떠오르면 걷어낼 수 있다. 2.3 적절한 시간에 미르포아와 향신료를 첨가할 수 있다. 2.4 지정된 맛, 향, 농도, 색이 될 때까지 조리할 수 있다.
1301010202_14v2.2 스톡 조리하기	【지 식】 • 스키밍(Skimming) 방법 • 스톡의 맛, 향, 농도, 색의 특징 • 스톡의 종류에 따른 조리법 • 주재료와 어울리는 채소 선택법 • 향신료 사용법
	【기 술】 • 적정한 상태로 구울 수 있는 능력 • 가스레인지 사용과 화력 조작 능력 • 냉장, 냉동고 관리 능력 • 부케가르니, 미르포아 투입 시점과 방법에 대한 능력 • 오븐 사용과 화력 조절 능력 • 용도에 맞는 조리방법 적용 능력 • 원하는 맛, 향, 농도, 색으로 만들 수 있는 능력 • 주재료에 따른 조리온도와 시간조절 능력
	3.1 조리된 스톡을 불순물이 섞이지 않게 걸러낼 수 있다. 3.2 마무리된 스톡의 색·맛·투명감·풍미·온도를 통해 스톡의 품질을 평가할 수 있다. 3.3 스톡을 사용용도에 맞추어 풍미와 질감을 갖도록 완성할 수 있다.
1301010202_14v2.3 스톡 완성하기	【지 식】 • 스톡의 사용용도 • 종류에 따른 질감, 향미, 색채의 특징
	【기 술】 • 냉장, 냉동고 관리 능력 • 원하는 온도로 보관 사용하는 능력 • 적정한 상태와 양으로 스톡을 걸러내는 정제 능력 • 질감, 향미, 색채와 조화를 고려한 제공 능력

브라운 스톡
BROWN STOCK

30 min
시험시간

지급재료

소뼈(Beef Bone) 150g, 양파(Onion) 1/2개, 당근(Carrot) 40g, 셀러리(Celery) 30g, 검은통후추(Black Pepper Whole) 4개, 토마토(Tomato) 1개, 파슬리(Parsley) 1줄기, 월계수잎(Bay leaf) 1잎, 정향(Clove) 1개, 버터(Butter) 5g, 타임(Thyme, fresh) 2g, 다시백(10×12cm) 1개, 식용유(Salad Oil) 50ml, 면실 30cm

요구사항

※주어진 재료를 사용하여 다음과 같이 브라운 스톡를 만드시오.

1. 스톡은 맑고, 갈색이 되도록 하시오.
2. 소뼈는 찬물에 담가 핏물을 제거한 후 구워서 사용하시오.
3. 향신료로 사세 데피스(sachet d'epice)를 만들어 사용하시오.
4. 완성된 스톡의 양이 200ml 정도 되도록 하여 볼에 담아내시오.

수험자 유의사항

1. 불 조절에 유의한다.
2. 스톡이 끓은 때 생기는 거품을 걷어내야 한다.
3. 조리작품 만드는 순서는 틀리지 않게 하여야 한다.
4. 숙련된 기능으로 맛을 내야하므로 조리작업시 음식의 맛을 보지 않는다.
5. 지정된 수험자지참준비물 이외의 조리기구나 재료를 시험장 내에 지참할 수 없다.
6. 지급재료는 시험 전 확인하여 이상이 있을 경우 시험위원으로부터 조치를 받고 시험도중에는 재료의 교환 및 추가지급은 하지 않는다.
7. 다음과 같은 경우에는 채점대상에서 제외한다.
   - 시험시간 내에 과제 두 가지를 제출하지 못한 경우 : 미완성
   - 시험시간 내에 제출된 과제라도 다음과 같은 경우

   1) 문제의 요구사항대로 작품의 수량이 만들어지지 않은 경우 : 미완성
   2) 해당과제의 지급재료 이외의 재료를 사용한 경우 : 오작
   3) 구이를 찜으로 조리하는 등과 같이 조리방법을 다르게 한 경우 : 오작
   4) 불을 사용하여 만든 조리작품이 작품특성을 벗어나는 정도로 타거나 익지 않은 경우 : 실격
   5) 가스레인지 화구 2개 이상 사용한 경우 : 실격
   6) 시험 중 시설 · 장비(칼, 가스레인지 등) 사용 시 감독위원 및 타수험자의 시험진행에 위협이 될 것으로 감독위원 전원이 합의하여 판단한 경우 : 실격
8. 항목별 배점은 위생상태 및 안전관리 5점, 조리기술 30점, 작품의 평가 15점이다.

만드는 방법

1 소고기뼈를 찬물에 담가 핏물을 제거하고, 채소는 슬라이스 한다.

2 소고기뼈를 갈색이 나도록 프라이팬에 볶는다.

3 채소도 갈색이 나도록 프라이팬에 볶는다.

4 냄비에 소고기뼈, 채소를 넣고 찬물을 부어 끓기 시작하면 거품을 건져낸다.

5 토마토, 월계수, 페퍼콘, 정향, 파슬리줄기를 넣고, 불을 조절하여 약한 불에서 계속 끓이며 거품과 기름을 수시로 걷어낸다.

6 육수가 맑고 갈색이 나게 우러나면 소창으로 거른다.

Ⅱ. 양식 소스조리

분류번호 1301010203_14v2

능력단위 명칭 양식 소스조리

능력단위 정의 양식 소스조리는 육류, 어패류, 채소류, 스톡류 등을 활용하여 조리에 사용하는 소스를 조리하는 능력이다.

능력단위요소	수행준거
1301010203_14v2.1 소스재료 준비하기	1.1 조리에 필요한 부케가르니(Bouquet Garni)를 준비할 수 있다. 1.2 미르포아(Mirepoix)를 준비할 수 있다. 1.3 루(Roux)는 버터와 밀가루를 동량으로 사용하여 만들 수 있다. 1.4 소스에 필요한 스톡을 준비할 수 있다. 1.5 소스 조리에 필요한 주방도구(Kitchen Utensil)를 준비할 수 있다.
	【지 식】 • 농후제의 종류와 특성 • 소스의 종류와 조리법 • 스톡의 종류와 특성 • 육류, 어패류의 주재료 특성과 용도 • 주재료 용도별 칼, 도마 사용법 • 채소의 종류와 특성 • 향신료의 종류와 특성, 용도
	【기 술】 • 냉장, 냉동고 관리 능력 • 미르포아를 만들 수 있는 능력 • 부케가르니를 만들 수 있는 능력 • 스토브 조작 능력 • 오븐 조작 능력 • 원하는 농후제를 만드는 능력 • 육류, 어패류, 채소스톡을 선택하는 능력

능력단위요소	수행준거
1301010203_14v2.2 소스 조리하기	2.1 미르포아(Mirepoix)를 볶은 다음 찬 스톡을 넣고 서서히 끓일 수 있다. 2.2 소스의 용도에 맞게 농후제를 사용할 수 있다. 2.3 소스를 끓이는 과정에서 불순물이나 기름이 위로 떠오르면 걷어낼 수 있다. 2.4 적절한 시간에 향신료를 첨가할 수 있다. 2.5 원하는 소스의 지정된 맛, 향, 농도, 색이 될 때까지 조리할 수 있다. 2.6 소스를 걸러내어 정제할 수 있다.
	【지 식】 • 농후제의 종류와 특성 • 소스의 종류와 조리법 • 스톡의 종류와 특성 • 육류, 어패류의 주재료 특성과 용도 • 주재료 용도별 칼, 도마 사용법 • 채소의 종류와 특성 • 향신료의 종류와 특성, 용도
	【기 술】 • 냉장, 냉동고 관리 능력 • 부케가르니 투입 시점과 방법에 대한 능력 • 소스 특성에 맞는 농후제 선택, 사용 능력 • 스토브 화력 조작과 시간조절 능력 • 원하는 소스의 맛, 향, 농도, 색으로 만들 수 있는 능력 • 적정한 상태로 볶는 능력 • 적정한 상태로 소스를 걸러내는 정제 능력
1301010203_14v2.3 소스 완성하기	3.1 소스의 품질이 떨어지지 않도록 적정 온도를 유지할 수 있다. 3.2 소스에 표막이 생성되는 것을 막도록 버터나 정제된 버터로 표면을 덮어 마무리할 수 있다. 3.3 마무리된 소스의 색깔과 맛, 투명감, 풍미, 온도를 통해 소스의 품질을 평가할 수 있다. 3.4 요구되는 양에 맞추어 소스를 제공할 수 있다.
	【지 식】 • 소스 종류에 따른 좋은 품질 선별법 • 소스를 용도에 맞게 제공하는 방법 • 스톡 종류에 따른 질감, 향미, 색채의 특징 • 완성된 소스를 요리와 어울리게 담는 푸드 스타일방법
	【기 술】 • 냉장, 냉동고 관리 능력 • 색, 맛, 투명감을 평가할 수 있는 능력 • 소스의 표면이 마르지 않게 보관하는 능력 • 적정한 상태로 소스를 걸러내는 정제 능력 • 질감, 향미, 색채, 온도의 조화를 고려한 제공 능력

홀렌다이즈 소스
HOLLANDAISE SAUCE

25 min
시험시간

지급재료

달걀(Egg) 2개, **양파(Onion)** 1/8개, **식초(Vinegar)** 20ml,
검은통후추(Black Pepper Corn) 3개, **버터(Butter)** 200g, **레몬(Lemon)** 1/4개,
월계수잎(Bay Leaf) 1잎, **파슬리(Pasley)** 1줄기, **소금(Salt)** 2g,
흰후춧가루(White pepper Ground) 1g

요구사항

※주어진 재료를 사용하여 다음과 같이 홀렌다이즈 소스를 만드시오.

1. 양파, 식초를 이용하여 허브에센스를 만들어 사용하시오.
2. 정제버터를 만들어 사용하시오.
3. 소스는 중탕으로 만들어 굳지 않게 그릇에 담아내시오.
4. 소스는 100ml 이상 제출하시오.

수험자 유의사항

1. 소스의 농도에 유의한다.
2. 조리작품 만드는 순서는 틀리지 않게 하여야 한다.
3. 숙련된 기능으로 맛을 내야하므로 조리작업시 음식의 맛을 보지 않는다.
4. 지정된 수험자지참준비물 이외의 조리기구나 재료를 시험장 내에 지참할 수 없다.
5. 지급재료는 시험 전 확인하여 이상이 있을 경우 시험위원으로부터 조치를 받고 시험도중에는 재료의 교환 및 추가지급은 하지 않는다.
6. 다음과 같은 경우에는 채점대상에서 제외한다.
   - 시험시간 내에 과제 두 가지를 제출하지 못한 경우 : 미완성
   - 시험시간 내에 제출된 과제라도 다음과 같은 경우
   1) 문제의 요구사항대로 작품의 수량이 만들어지지 않은 경우 : 미완성
   2) 해당과제의 지급재료 이외의 재료를 사용한 경우 : 오작
   3) 구이를 찜으로 조리하는 등과 같이 조리방법을 다르게 한 경우 : 오작
   4) 불을 사용하여 만든 조리작품이 작품특성을 벗어나는 정도로 타거나 익지 않은 경우 : 실격
   5) 가스레인지 화구 2개 이상 사용한 경우 : 실격
   6) 시험 중 시설 · 장비(칼, 가스레인지 등) 사용 시 감독위원 및 타수험자의 시험진행에 위협이 될 것으로 감독위원 전원이 합의하여 판단한 경우 : 실격
7. 항목별 배점은 위생상태 및 안전관리 5점, 조리기술 30점, 작품의 평가 15점이다.

만드는 방법

1 버터를 중탕하여 정제버터를 만든다.

2 양파를 다지고, 통후추를 으깬다.

3 소스 팬에 소량의 물을 넣고 양파, 월계수잎, 통후추, 레몬, 파슬리를 넣고 은근히 끓여 향초물을 만든다.

4 믹싱 볼에 달걀 노른자, 향초 물을 넣고 중탕에서 거품기로 섞어 거품이 나고 걸쭉해지도록 한다.

5 난황이 부드럽게 익으면 정제한 버터를 1방울씩 조금씩 넣어 주면서 거품기로 섞는다. 너무 뜨거우면 버터가 녹아서 물처럼 질어진다. (70℃ 정도가 적당)

6 레몬주스, 식초를 넣고 농도를 조절하고, 소금을 넣고 간을 맞춘다. 마요네즈의 농도보다 묽게 하도록 한다.

타르타르 소스
TARTAR SAUCE

20 min
시험시간

지급재료

마요네즈(Mayonnaise) 70g, **오이피클(Pickle Cucumber)** 1/2개, **양파(Onion)** 1/10개, **파슬리(Pasley)** 1줄기, **달걀(Egg)** 1개, **소금(Salt)** 2g, **흰후춧가루(White Pepper)** 2g, **레몬(Lemon)** 1/4개, **식초(Vinegar)** 2ml

요구사항

※ 주어진 재료를 사용하여 다음과 같이 타르타르 소스를 만드시오.

1. 다지는 재료는 0.2cm 정도의 크기로 하고 파슬리는 줄기를 제거하여 사용하시오.
2. 소스는 농도를 잘 맞추어 100ml 이상 제출하시오.

수험자 유의사항

1. 소스의 농도가 너무 묽거나 되지 않아야 한다.
2. 채소의 물기 제거에 유의한다.
3. 조리작품 만드는 순서는 틀리지 않게 하여야 한다.
4. 숙련된 기능으로 맛을 내야하므로 조리작업시 음식의 맛을 보지 않는다.
5. 다음과 같은 경우에는 채점대상에서 제외한다.
   - 시험시간 내에 과제 두 가지를 제출하지 못한 경우 : 미완성
   - 시험시간 내에 제출된 과제라도 다음과 같은 경우
   1) 문제의 요구사항대로 작품의 수량이 만들어지지 않은 경우 : 미완성
   2) 해당과제의 지급재료 이외의 재료를 사용한 경우 : 오작
   3) 구이를 찜으로 조리하는 등과 같이 조리방법을 다르게 한 경우 : 오작
   4) 불을 사용하여 만든 조리작품이 작품특성을 벗어나는 정도로 타거나 익지 않은 경우 : 실격
   5) 가스레인지 화구 2개 이상 사용한 경우 : 실격
   6) 시험 중 시설 · 장비(칼, 가스레인지 등) 사용 시 감독위원 및 타수험자의 시험진행에 위협이 될 것으로 감독위원 전원이 합의하여 판단한 경우 : 실격
6. 항목별 배점은 위생상태 및 안전관리 5점, 조리기술 30점, 작품의 평가 15점이다.

만드는 방법

1. 달걀을 완숙으로 삶아 흰자는 다지고, 노른자는 체에 내린다.
2. 피클, 파슬리를 각각 다진다.
3. 양파는 다져서 소금에 절였다가 물기를 꼭 짠다.
4. 마요네즈에 레몬 주스와 준비된 재료들을 모두 넣어 잘 섞고,
   식초로 신맛을 약하게 조절한다.
   식초는 드레싱의 신맛과 농도를 묽게 만들어주는 역할을 한다.
5. 그릇에 담는다.

* **Tartar Sauce**
생선 튀김, 새우 튀김, 고로케등의 튀김 종류에 잘 어울리는 소스이며, 채소와 곁들여 먹어도 어울리는 소스이다.

이탈리안 미트소스
ITALIAN MEAT SAUCE

30 min
시험시간

지급재료

양파(Onion) 1/2개, **소고기(Beef Ground)** 60g, **마늘(Garlic)** 1쪽, **캔토마토(Tomato Can)** 30g, **버터(Butter)** 10g, **토마토 페이스트(Tomato paste)** 30g, **월계수잎(Bay Leaf)** 1잎, **파슬리(Parsley)** 1줄기, **소금(Salt)** 2g, **검은후춧가루(Black Pepper Ground)** 2g, **셀러리(Celery)** 30g

요구사항

※ 주어진 재료를 사용하여 다음과 같이 이탈리안 미트소스를 만드시오.

1. 모든 재료는 다져서 사용하시오.
2. 그릇에 담고 파슬리 다진 것을 뿌려내시오.
3. 소스는 150ml 이상 제출하시오.

수험자 유의사항

1. 소스의 농도에 유의한다.
2. 조리작품 만드는 순서는 틀리지 않게 하여야 한다.
3. 숙련된 기능으로 맛을 내야하므로 조리작업시 음식의 맛을 보지 않는다.
4. 지정된 수험자지참준비물 이외의 조리기구나 재료를 시험장 내에 지참할 수 없다.
5. 지급재료는 시험 전 확인하여 이상이 있을 경우 시험위원으로부터 조치를 받고 시험도중에는 재료의 교환 및 추가지급은 하지 않는다.
6. 다음과 같은 경우에는 채점대상에서 제외한다.
   - 시험시간 내에 과제 두 가지를 제출하지 못한 경우 : 미완성
   - 시험시간 내에 제출된 과제라도 다음과 같은 경우
   1) 문제의 요구사항대로 작품의 수량이 만들어지지 않은 경우 : 미완성
   2) 해당과제의 지급재료 이외의 재료를 사용한 경우 : 오작
   3) 구이를 찜으로 조리하는 등과 같이 조리방법을 다르게 한 경우 : 오작
   4) 불을 사용하여 만든 조리작품이 작품특성을 벗어나는 정도로 타거나 익지 않은 경우 : 실격
   5) 가스레인지 화구 2개 이상 사용한 경우 : 실격
   6) 시험 중 시설 · 장비(칼, 가스레인지 등) 사용 시 감독위원 및 타수험자의 시험진행에 위협이 될 것으로 감독위원 전원이 합의하여 판단한 경우 : 실격
7. 항목별 배점은 위생상태 및 안전관리 5점, 조리기술 30점, 작품의 평가 15점이다.

만드는 방법

1 양파, 셀러리, 마늘은 곱게 다지고, 토마토는 데쳐 껍질과 속씨를 제거한 다음 잘게 자른다.

2 파슬리는 다져 소창에 싼 다음 물을 묻혀 꼭 짜낸다.

3 소스 팬에 버터를 넣고 다진 쇠고기를 넣어 볶다가 양파, 셀러리, 마늘을 볶은 다음, 토마토 페이스트를 넣고 약불에서 충분히 볶는다.

4 여기에 토마토, 향신료 주머니, 스톡을 넣고 은근히 끓인다.
끓이면서 소스의 불순물을 제거하고 눌어 붙지 않도록 나무주걱으로 자주 저어주도록 한다.

5 소스가 걸쭉해지면 향신료 주머니를 건져내고 소금, 후추로 간 한 후 볼에 담아 다진 파슬리를 뿌려낸다.

브라운 그래비 소스
BROWN GRAVY SAUCE

30 min
시험시간

지급재료

밀가루(Flour) 20g, **브라운 스톡(Brown Stock)** 300ml, **소금(Salt)** 2g, **검은후춧가루(Black Pepper Ground)** 1g, **버터(Butter)** 30g, **양파(Onion)** 1/6개, **셀러리(Celery)** 20g, **당근(Carrot)** 40g, **토마토 페이스트(Tomato Paste)** 30g, **월계수잎(Bay Leaf)** 1잎, **정향(Clove)** 1개

요구사항

※ 주어진 재료를 사용하여 다음과 같이 브라운 그래비 소스를 만드시오.

1. 브라운 루(Brown roux)를 만들어 사용하시오.
2. 완성된 작품의 양은 200ml 정도를 만드시오.

수험자 유의사항

1. 브라운 루(Brown roux)가 타지 않도록 한다.
2. 소스의 농도에 유의한다.
3. 조리작품 만드는 순서는 틀리지 않게 하여야 한다.
4. 숙련된 기능으로 맛을 내야하므로 조리작업시 음식의 맛을 보지 않는다.
5. 지정된 수험자지참준비물 이외의 조리기구나 재료를 시험장 내에 지참할 수 없다.
6. 지급재료는 시험 전 확인하여 이상이 있을 경우 시험위원으로부터 조치를 받고 시험도중에는 재료의 교환 및 추가지급은 하지 않는다.
7. 다음과 같은 경우에는 채점대상에서 제외한다.
   - 시험시간 내에 과제 두 가지를 제출하지 못한 경우 : 미완성
   - 시험시간 내에 제출된 과제라도 다음과 같은 경우
   1) 문제의 요구사항대로 작품의 수량이 만들어지지 않은 경우 : 미완성
   2) 해당과제의 지급재료 이외의 재료를 사용한 경우 : 오작
   3) 구이를 찜으로 조리하는 등과 같이 조리방법을 다르게 한 경우 : 오작
   4) 불을 사용하여 만든 조리작품이 작품특성을 벗어나는 정도로 타거나 익지 않은 경우 : 실격
   5) 가스레인지 화구 2개 이상 사용한 경우 : 실격
   6) 시험 중 시설 · 장비(칼, 가스레인지 등) 사용 시 감독위원 및 타수험자의 시험진행에 위협이 될 것으로 감독위원 전원이 합의하여 판단한 경우 : 실격
8. 항목별 배점은 위생상태 및 안전관리 5점, 조리기술 30점, 작품의 평가 15점이다.

만드는 방법

1 양파, 셀러리, 당근은 채 썰어 버터에 색깔이 나도록 충분히 볶는다.
토마토 페스트를 넣어 같이 볶다가 육수를 넣고 향신료와 함께 끓인다.

2 소스 팬에 버터와 밀가루를 같은 양을 넣고 볶아서 브라운 루를 만든다.

3 1의 끓이는 소스에 적량의 브라운 루를 넣고 거품기를 저으며 서서히 끓여준다.
부유물들을 제거하고 소금, 후추로 맛을 조절하고 농도를 맞추어 고운 체를 이용하여 걸러준다.

* **Gravy**
고기의 즙을 닭이나 소고기 육수와 섞은 후 와인, 우유와 포도주 또는 녹말과 같은 것을 넣어 만든 소스
고기나 조류 생선 등을 요리하고 남은 즙도 간단히 그레비가 될 수 있다.

Ⅲ. 양식 수프조리

분류번호 1301010204_14v2

능력단위 명칭 양식 수프조리

능력단위 정의 양식 수프조리는 육류, 어패류, 채소류, 스톡류 등을 활용하여 메뉴에 사용되는 수프를 조리하는 능력이다.

능력단위요소	수행준거
1301010204_14v2.1 수프재료 준비하기	1.1 육류, 어패류, 채소류, 곡류에서 수프용도에 알맞은 재료를 선별하여 준비할 수 있다. 1.2 조리에 필요한 부케가르니(Bouquet Garni)를 준비할 수 있다. 1.3 미르포아(Mirepoix)를 준비할 수 있다. 1.4 수프에 적합한 농후제를 준비할 수 있다. 1.5 수프에 필요한 스톡을 준비할 수 있다. 1.6 수프 조리에 필요한 조리도구(Kitchen Utensil)를 준비할 수 있다. 【지 식】 • 곡류의 특성과 영양적 가치 • 농후제의 종류와 특성 • 수프의 종류와 조리법 • 스톡의 종류와 특성 • 육류, 어패류, 채소의 주재료 특성과 용도 • 주재료 용도별 칼, 도마 사용법 • 향신료의 종류와 특성, 용도 【기 술】 • 냉장, 냉동고 사용과 온도 조절 관리 능력 • 미르포아를 만들 수 있는 능력 • 부케가르니를 만들 수 있는 능력 • 스토브, 오븐 조작 능력 • 원하는 농후제를 만드는 능력 • 육류, 어패류, 채소스톡을 선택하는 능력

능력단위요소	수행준거
1301010204_14v2.2 수프 조리하기	2.1 수프의 종류에 따라 건더기와 수분의 비율을 조정할 수 있다. 2.2 수프의 종류에 따라 주요 향미를 가진 재료를 순서에 따라 볶아낼 수 있다. 2.3 재료가 냄비바닥에 눌어붙지 않도록 조리할 수 있다. 2.4 스톡을 넣고 끓이며, 위에 뜨는 불순물을 제거할 수 있다. 2.5 원하는 수프의 향, 색, 농도가 충분히 우러나도록 끓일 수 있다. 2.6 수프의 종류에 따라 갈아주거나 걸러줄 수 있다.
	【지 식】 •농후제 •수프 종류에 따른 육류, 어패류, 채소, 곡류 선택법 •수프 종류에 따른 향신료의 선택법 •수프 특성과 용도 •스톡의 종류에 따른 수프 조리법
	【기 술】 •가스레인지 화력 조작과 시간조절 능력 •냉장, 냉동고 관리 능력 •부케가르니 투입 시점과 방법에 대한 능력 •수프 특성에 맞는 농후제를 선택하여 사용하는 능력 •원하는 수프의 맛, 향, 농도, 색으로 만들 수 있는 능력 •재료를 메뉴의 특징에 맞추어 손질하는 능력 •적정한 상태로 볶는 능력 •적정한 상태로 수프를 걸러내어 정제하는 능력
v1301010204_14v2.3 수프요리 완성하기	3.1 수프의 종류에 따라 크루통(Crouton), 휘핑크림(Whipping Cream), 커넬(Quennel)과 같은 곁들임을 제공할 수 있다. 3.2 마무리된 수프의 색깔과 맛, 투명 감, 풍미, 온도를 통해 수프의 품질을 평가할 수 있다.
	【지 식】 •수프의 종류에 따른 좋은 품질 선별법 •수프의 종류에 따른 질감, 향미, 색채의 특징 •완성된 수프를 담는 푸드 스타일방법
	【기 술】 •냉장, 냉동고 관리 능력 •수프와 어울리는 곁들임을 선택하여 제공하는 능력 •수프의 색, 맛, 투명감이 좋은 품질을 평가할 수 있는 능력 •원하는 온도로 보관 사용하는 능력 •질감, 향미, 색채, 온도의 조화를 고려하여 제공할 수 있는 능력

비프 콘소메 수프
BEEF CONSOMME SOUP

40 min
시험시간

지급재료

소고기(Ground Beef) 70g, **양파(Onion)** 1개, **당근(Carrot)** 40g,
셀러리(Celery) 30g, **달걀(Egg)** 1개, **소금(Salt)** 2g, **검은후춧가루(Black Pepper ground)** 2g, **검은통후추(Black Pepper Corn)** 1개, **파슬리(Pasley)** 1줄기, **월계수잎(Bay Leaf)** 1잎, **토마토(Tomato)** 1/4개, **비프스톡(Beef Stock)** 500ml, **정향(Clove)** 1개

요구사항

※ 주어진 재료를 사용하여 다음과 같이 비프콘소메 수프를 만드시오.

1. 어니언 브루리(onion brulee)를 만들어 사용하시오.
2. 양파를 포함한 채소는 채 썰어 향신료, 소고기, 달걀 흰자, 머랭과 함께 섞어 사용하시오.
3. 수프는 맑고 갈색이 되도록 하여 200ml 이상 제출하시오.

수험자 유의사항

1. 맑고, 갈색의 수프가 되도록 불 조절에 유의한다.
2. 조리작품 만드는 순서는 틀리지 않게 하여야 한다.
3. 숙련된 기능으로 맛을 내야하므로 조리작업시 음식의 맛을 보지 않는다.
4. 지정된 수험자지참준비물 이외의 조리기구나 재료를 시험장 내에 지참할 수 없다.
5. 지급재료는 시험 전 확인하여 이상이 있을 경우 시험위원으로부터 조치를 받고 시험도중에는 재료의 교환 및 추가지급은 하지 않는다.
6. 다음과 같은 경우에는 채점대상에서 제외한다.
   - 시험시간 내에 과제 두 가지를 제출하지 못한 경우 : 미완성
   - 시험시간 내에 제출된 과제라도 다음과 같은 경우
   1) 문제의 요구사항대로 작품의 수량이 만들어지지 않은 경우 : 미완성
   2) 해당과제의 지급재료 이외의 재료를 사용한 경우 : 오작
   3) 구이를 찜으로 조리하는 등과 같이 조리방법을 다르게 한 경우 : 오작
   4) 불을 사용하여 만든 조리작품이 작품특성을 벗어나는 정도로 타거나 익지 않은 경우 : 실격
   5) 가스레인지 화구 2개 이상 사용한 경우 : 실격
   6) 시험 중 시설 · 장비(칼, 가스레인지 등) 사용 시 감독위원 및 타수험자의 시험진행에 위협이 될 것으로 감독위원 전원이 합의하여 판단한 경우 : 실격
7. 항목별 배점은 위생상태 및 안전관리 5점, 조리기술 30점, 작품의 평가 15점이다.

만드는 방법

1 양파를 링으로 0.5cm 썰기하여 팬에서 갈색이 나도록 태운다.(Onion Brulle:양파 브럴레)

2 당근, 셀러리, 양파를 채 썰고(Mirepoix) 토마토는 잘라둔다.(Tomato Concasse)

3 달걀 흰자를 거품기로 저어 거품을 낸 후 다진 소고기에 넣는다. 당근, 양파, 셀러리, 토마토를 넣고 버무려 준 후 월계수잎, 정향, 통후추를 함께 넣어준다.

4 소스 팬에 육수와 고기 버무린 것을 넣고 끓기 직전까지 눌지 않도록 서서히 저어준다.

5 끓기 시작하여 고형물이 떠오르면 중앙에 구멍을 뚫어주고 중불 이하로 조절하여 양파 브럴레, 소금, 후추, 월계수잎, 정향을 넣고 서서히 끓인다.

6 끓이면서 이물질을 걷어 내고 30분 정도 후에 소창을 이용하여 맑게 걸러 마무리한다.

* **Consomme Soup**
육수에 주재료를 넣어 맛이 우러나도록 한 다음 정제하여 투명하게 만든 맑은 수프의 일종이다.
소고기 콘소메, 닭고기 콘소메, 버섯 콘소메, 야채 콘소메 등

미네스트로네 수프
MINESTRONE SOUP

지급재료

양파(Onion) 1/4개, **셀러리**(celery) 30g, **당근**(Carrot) 40g, **무**(Turnip) 15g, **양배추**(White Cabbage) 40g, **버터**(Butter) 5g, **스트링빈스**(String Beans) 2줄기, **완두콩**(Green Peas) 10g, **토마토**(Tomato) 1/8개, **스파게티**(Spaghetti) 20g, **토마토 페이스트**(Tomato Paste) 15g, **파슬리**(Parsley) 1줄기, **베이컨**(Bacon) 1/2조각, **마늘**(Garlic) 1쪽, **소금**(Salt) 2g, **검은후춧가루**(Black Pepper Ground) 2g, **치킨스톡**(Chicken Stock) 200ml, **월계수잎**(Bay leaf) 1잎, **정향**(Clove) 1개

요구사항

※주어진 재료를 사용하여 다음과 같이 미네스트로네 수프를 만드시오.

1. 채소는 사방 1.2cm, 두께 0.2cm 정도로 써시오.
2. 스트링빈스, 스파게티는 1.2cm 정도의 길이로 써시오.
3. 국물과 고형물의 비율을 3:1로 하시오.
4. 전체 수프의 양은 200ml 이상으로 하고 파슬리 가루를 뿌려내시오.

수험자 유의사항

1. 수프의 색과 농도를 잘 맞추어야 한다.
2. 조리작품 만드는 순서는 틀리지 않게 하여야 한다.
3. 숙련된 기능으로 맛을 내야하므로 조리작업시 음식의 맛을 보지 않는다.
4. 지정된 수험자지참준비물 이외의 조리기구나 재료를 시험장 내에 지참할 수 없다.
5. 지급재료는 시험 전 확인하여 이상이 있을 경우 시험위원으로부터 조치를 받고 시험도중에는 재료의 교환 및 추가지급은 하지 않는다.
6. 다음과 같은 경우에는 채점대상에서 제외한다.
   - 시험시간 내에 과제 두 가지를 제출하지 못한 경우 : 미완성
   - 시험시간 내에 제출된 과제라도 다음과 같은 경우
   1) 문제의 요구사항대로 작품의 수량이 만들어지지 않은 경우 : 미완성
   2) 해당과제의 지급재료 이외의 재료를 사용한 경우 : 오작
   3) 구이를 찜으로 조리하는 등과 같이 조리방법을 다르게 한 경우 : 오작
   4) 불을 사용하여 만든 조리작품이 작품특성을 벗어나는 정도로 타거나 익지 않은 경우 : 실격
   5) 가스레인지 화구 2개 이상 사용한 경우 : 실격
   6) 시험 중 시설 · 장비(칼, 가스레인지 등) 사용 시 감독위원 및 타수험자의 시험진행에 위협이 될 것으로 감독위원 전원이 합의하여 판단한 경우 : 실격
7. 항목별 배점은 위생상태 및 안전관리 5점, 조리기술 30점, 작품의 평가 15점이다.

만드는 방법

1 양파, 당근, 무, 셀러리, 양배추, 감자는 가로, 세로 1.2cm 정도, 두께 0.2cm 정도로 썬다.
2 스트링빈스는 1.2cm로 자르고, 파슬리와 마늘을 다진다.
3 팬에 물을 붓고 스파게티를 삶고, 스파게티는 1.2cm로 자른다.
4 팬에 버터를 넣고 가열하여 베이컨, 마늘, 양파, 당근, 무, 셀러리, 양배추 순으로 볶다가 토마토 페이스트를 넣어 같이 볶는다. 육수를 넣고 끓이면서 부케가르니와 토마토, 껍질 콩, 완두를 넣고 10분간 끓이다가 감자를 넣고 10분간 더 끓인다.
5 끓이면서 거품을 걷어내고 부케가르니를 건져 내고 삶은 스파게티와 소금, 후추를 넣고 간을 맞춘 후 수프 볼에 담고, 위에 파슬리 다진 것을 뿌린다.

* **부케가르니** 양파, 파슬리 줄기, 월계수잎, 다임, 등으로 만든다

프렌치 어니언 수프
FRENCH ONION SOUP

30 min
시험시간

지급재료

양파(Onion) 1개, 바게트빵(French Bread) 1조각, 버터(Butter) 20g, 소금(Salt) 2g, 검은후춧가루(Black Pepper Ground) 1g, 파마산치즈(Parmesan Cheese) 10g, 백포도주(White Wine) 15ml, 마늘(Garlic) 1쪽, 파슬리(Parsley) 1줄기, 비프스톡(Beef Stock) 270ml

요구사항

※ 주어진 재료를 사용하여 다음과 같이 프렌치 어니언 수프를 만드시오.

1. 양파는 5cm 크기의 길이로 일정하게 써시오.
2. 바게트빵에 마늘버터를 발라 구워서 따로 담아내시오.
3. 완성된 수프의 양은 200ml 이상 제출하시오.

수험자 유의사항

1. 수프의 색깔이 갈색이 나도록 하여야 한다.
2. 조리작품 만드는 순서는 틀리지 않게 하여야 한다.
3. 숙련된 기능으로 맛을 내야하므로 조리작업시 음식의 맛을 보지 않는다.
4. 지정된 수험자지참준비물 이외의 조리기구나 재료를 시험장 내에 지참할 수 없다.
5. 지급재료는 시험 전 확인하여 이상이 있을 경우 시험위원으로부터 조치를 받고 시험도중에는 재료의 교환 및 추가지급은 하지 않는다.
6. 다음과 같은 경우에는 채점대상에서 제외한다.
   - 시험시간 내에 과제 두 가지를 제출하지 못한 경우 : 미완성
   - 시험시간 내에 제출된 과제라도 다음과 같은 경우
   1) 문제의 요구사항대로 작품의 수량이 만들어지지 않은 경우 : 미완성
   2) 해당과제의 지급재료 이외의 재료를 사용한 경우 : 오작
   3) 구이를 찜으로 조리하는 등과 같이 조리방법을 다르게 한 경우 : 오작
   4) 불을 사용하여 만든 조리작품이 작품특성을 벗어나는 정도로 타거나 익지 않은 경우 : 실격
   5) 가스레인지 화구 2개 이상 사용한 경우 : 실격
   6) 시험 중 시설 · 장비(칼, 가스레인지 등) 사용 시 감독위원 및 타수험자의 시험진행에 위협이 될 것으로 감독위원 전원이 합의하여 판단한 경우 : 실격
7. 항목별 배점은 위생상태 및 안전관리 5점, 조리기술 30점, 작품의 평가 15점이다.

만드는 방법

1. 양파를 가늘게 5cm 크기의 길이로 일정하게 채를 썰고 마늘을 다진다.
2. 냄비에 버터를 넣고 중불에서 녹여 양파부터 볶고, 마늘을 넣고 갈색이 나도록 볶다 백포도주를 넣어 졸인다.
3. 볶은 양파에 브라운 스톡 붓고 월계수 잎을 넣은 다음 강 불에서 끓이다가 온도를 낮춰 은근히 끓인다. 끓이면서 거품을 제거해 준다.
4. 버터를 조금 두르고 바게트 빵을 살짝 구워 뒤집어 구운 면에 치즈와 파슬리가루를 뿌려, 뚜껑을 덮어 치즈가 녹게 한다.
5. 수프에 소금, 후추 간을 하고 조금 끓여 그릇에 담고, 제출하기 직전에 치즈 크루통을 얹는다.

포테이토 크림수프
POTATO CREAM SOUP

지급재료

감자(Potato) 200g, **양파**(Onion) 1/4개, **대파**(Leek) 1토막, **버터**(Butter) 15g, **치킨스톡**(Chicken Stock) 270ml, **생크림**(Fresh Cream) 20ml, **식빵**(White Bread Slice) 1조각, **소금**(Salt) 2g, **흰후춧가루**(White Pepper Powder) 1g, **월계수잎**(Bay leaf) 1잎

요구사항

※ 주어진 재료를 사용하여 다음과 같이 포테이토 크림수프를 만드시오.

1. 크루톤(crouton)의 크기는 사방 0.8cm ~ 1cm 정도로 만들어 버터에 볶아 수프에 띄우시오.
2. 익힌 감자는 체에 내려 사용하시오.
3. 수프의 색과 농도에 유의하고 200ml 이상 제출하시오.

수험자 유의사항

1. 수프의 농도를 잘 맞추어야 한다.
2. 수프를 끓일 때 생기는 거품을 걷어 내어야 한다.
3. 조리작품 만드는 순서는 틀리지 않게 하여야 한다.
4. 숙련된 기능으로 맛을 내야하므로 조리작업시 음식의 맛을 보지 않는다.
5. 지정된 수험자지참준비물 이외의 조리기구나 재료를 시험장 내에 지참할 수 없다.
6. 지급재료는 시험 전 확인하여 이상이 있을 경우 시험위원으로부터 조치를 받고 시험도중에는 재료의 교환 및 추가지급은 하지 않는다.
7. 다음과 같은 경우에는 채점대상에서 제외한다.
   - 시험시간 내에 과제 두 가지를 제출하지 못한 경우 : 미완성
   - 시험시간 내에 제출된 과제라도 다음과 같은 경우
   1) 문제의 요구사항대로 작품의 수량이 만들어지지 않은 경우 : 미완성
   2) 해당과제의 지급재료 이외의 재료를 사용한 경우 : 오작
   3) 구이를 찜으로 조리하는 등과 같이 조리방법을 다르게 한 경우 : 오작
   4) 불을 사용하여 만든 조리작품이 작품특성을 벗어나는 정도로 타거나 익지 않은 경우 : 실격
   5) 가스레인지 화구 2개 이상 사용한 경우 : 실격
   6) 시험 중 시설 · 장비(칼, 가스레인지 등) 사용 시 감독위원 및 타수험자의 시험진행에 위협이 될 것으로 감독위원 전원이 합의하여 판단한 경우 : 실격
8. 항목별 배점은 위생상태 및 안전관리 5점, 조리기술 30점, 작품의 평가 15점이다.

만드는 방법

1 감자를 얇게 슬라이스 하고 대파는 흰 부분을 채썬다. 양파는 다진다.

2 식빵은 0.8cm 크기로 썰어 버터에 갈색이 나도록 볶아 기름을 제거한다.

3 소스 팬에 버터를 넣고 양파, 대파, 감자 순으로 볶은 후 치킨 스톡을 넣고 감자가 뭉개질 정도로 은근하게 끓여 체에 내린다.

4 체에 내린 수프에 생크림을 넣고 소금, 후추로 간을 한다. 수프 볼에 담고 크루통(Crouton)을 얹어 마무리 한다.

마늘 크림수프
GARLIC CREAM SOUP

지급재료

마늘(Garlic) 1,000g, **양파(Onion)** 30g, **감자(Potato)** 100g, **백포도주(White wine)** 30ml, **치킨스톡(Chicken stock)** 500ml, **생크림(Fresh cream)** 50ml, **월계수잎(Bay Leaf)** 1/2잎, **버터(Butter)** 50g, **소금(Salt)** 10g, **후추(Pepper)** 3g

NOTES

만드는 방법

1 마늘을 우유에 살짝 삶아 마늘의 이취를 없앤다.
2 양파, 감자를 썰어 버터에 볶다가 마늘을 넣어 볶고 와인, 육수, 월계수잎을 넣어 끓인다. 충분히 익으면 곱게 갈아서 채에 내린다.
3 사과를 브르노이즈(Brunoise) 크기로 썰고 올리브 오일, 애플쥬스, 레몬 쥬스를 이용 애플 살사를 만든다.
4 크림을 넣어 마무리하고 애플 살사를 곁들여 마무리한다.

피시차우더 수프
FISH CHOWDER SOUP

30 min
시험시간

지급재료

대구살(Codfish Fillet) 50g, 감자(Potato) 1/5개, 베이컨(Bacon) 1/2조각, 양파(Onion) 1/6개, 셀러리(Celery) 30g, 버터(Butter) 2g, 밀가루(Flour) 15g, 우유(Milk) 200ml, 소금(Salt) 2g, 흰후춧가루(White Pepper Ground) 2g, 정향(Clove) 1개, 월계수잎(Bay leaf) 1잎

요구사항

※ 주어진 재료를 사용하여 다음과 같이 피시차우더 수프를 만드시오.

1. 차우더 수프는 화이트 루(roux)를 이용하여 농도를 맞추시오.
2. 채소는 0.7cm×0.7cm×0.1.cm, 생선은 1cm×1cm×1cm 정도 크기로 써시오.
3. 대구살을 이용하여 생선스톡을 만들어 사용하시오.
4. 수프는 200ml 이상 제출하시오.

수험자 유의사항

1. 피시스톡을 만들어 사용하고 수프는 흰색이 나와야 한다.
2. 베이컨은 기름을 빼고 사용한다.
3. 조리작품 만드는 순서는 틀리지 않게 하여야 한다.
4. 숙련된 기능으로 맛을 내야하므로 조리작업시 음식의 맛을 보지 않는다.
5. 지정된 수험자지참준비물 이외의 조리기구나 재료를 시험장 내에 지참할 수 없다.
6. 지급재료는 시험 전 확인하여 이상이 있을 경우 시험위원으로부터 조치를 받고 시험도중에는 재료의 교환 및 추가지급은 하지 않는다.
7. 다음과 같은 경우에는 채점대상에서 제외한다.
   - 시험시간 내에 과제 두 가지를 제출하지 못한 경우 : 미완성
   - 시험시간 내에 제출된 과제라도 다음과 같은 경우
   1) 문제의 요구사항대로 작품의 수량이 만들어지지 않은 경우 : 미완성
   2) 해당과제의 지급재료 이외의 재료를 사용한 경우 : 오작
   3) 구이를 찜으로 조리하는 등과 같이 조리방법을 다르게 한 경우 : 오작
   4) 불을 사용하여 만든 조리작품이 작품특성을 벗어나는 정도로 타거나 익지 않은 경우 : 실격
   5) 가스레인지 화구 2개 이상 사용한 경우 : 실격
   6) 시험 중 시설 · 장비(칼, 가스레인지 등) 사용 시 감독위원 및 타수험자의 시험진행에 위협이 될 것으로 감독위원 전원이 합의하여 판단한 경우 : 실격
8. 항목별 배점은 위생상태 및 안전관리 5점, 조리기술 30점, 작품의 평가 15점이다.

만드는 방법

1. 생선은 날것으로 1cm 크기로 잘라서 양파를 넣고 찬물에서 부터 익혀 국물은 스톡으로 사용한다.
2. 베이컨을 1cm 크기로 자르고 물로 데쳐 기름을 제거한다.
3. 감자, 셀러리, 양파는 0.7cm×0.7cm×0.1cm 크기로 자른다.
4. 버터가 반쯤 녹으면 밀가루를 색이 나지 않도록 볶아 우유를 넣어 화이트 소스를 끓인다.
5. 소스 팬에 양파, 셀러리를 볶은 후 스톡을 붓고 월계수 잎을 넣고 서서히 끓인다. 채소가 익으면 감자를 함께 넣어 끓이다 화이트 소스를 넣어 농도를 조절한다.
6. 소금, 후추로 간을 맞추고 우유를 넣은 후 다시 맛을 조절하고, 생선은 넣고 끓이지 않고 불에서 내려 그릇에 담는다.

* **Chowder Soup** 국물과 건더기의 양이 50:50 으로 우유와 크림을 혼합하는 것이 일반적이며 농도를 위해 루(Roux)를 사용한다. 주로 조개, 생선, 감자 및 채소를 이용하여 만든다.

Ⅳ. 양식 전채조리

분류번호 301010205_14v2

능력단위 명칭 양식 전채조리

능력단위 정의 양식 전채 조리는 식욕을 돋우기 위한 요리로 육류, 어패류, 채소류 등을 활용하여 곁들여지는 소스 등을 조리하는 능력이다.

능력단위요소	수행준거
1301010205_14v2.1 전채재료 준비하기	1.1 적합한 콘디멘트(Condiments)를 준비할 수 있다. 1.2 식욕을 돋우며, 전채메뉴 구성을 고려한 재료를 준비할 수 있다. 1.3 전채 조리에 필요한 조리도구(Kitchen Utensil)를 준비할 수 있다. 1.4 메뉴와 전채 조리에 필요한 조리법을 숙지할 수 있다.
	【지 식】 • 메뉴 구성과 서비스 방식 • 식욕을 자극하는 재료와 색채, 맛, 향의 특징 • 육류, 어패류, 채소류의 특성과 용도 • 적합한 양념의 종류와 특성 • 전채메뉴의 종류와 특성 • 주재료 용도별 칼, 도마 사용법
	【기 술】 • 냉장, 냉동고 관리 능력 • 메뉴 구성 시 재료와 조리법의 중복을 하지 않는 능력 • 스토브 조작 능력 • 신선한 육류, 어패류, 채소류 선택, 전채를 만드는 능력 • 오븐 조작 능력 • 조리실 온도 관리 능력

능력단위요소	수행준거
1301010205_14v2.2 전채요리 조리하기	2.1 메뉴 구성에 알맞은 양의 전채를 준비할 수 있다. 2.2 채소와 허브를 적절하게 사용할 수 있다. 2.3 전채에 적합한 콘디멘트(Condiments)를 사용할 수 있다. 2.4 메뉴와 어울릴 수 있는 조리법을 선택할 수 있다.
	【지 식】 • 전채의 종류에 따른 조리법 • 각각의 전채에 적합한 콘디멘트(Condiments) 선택법 • 채소와 허브의 종류와 특성(명칭) • 전채 특성과 메뉴 구성
	【기 술】 • 냉장, 냉동고 사용과 콜드키친 조리실 온도 관리 능력 • 스토브 화력 조작과 시간조절 능력 • 신선한 채소, 허브를 손질, 보관, 활용하는 능력 • 원하는 전채의 양, 맛, 향, 농도, 색으로 만들 수 있는 능력 • 재료를 메뉴의 특징에 맞추어 손질하는 능력 • 주재료 조리온도와 시간조절을 하는 능력 • 주재료 용도별 칼, 도마 사용 능력
1301010205_14v2.3 전채요리 완성하기	3.1 요리에 알맞은 온도로 접시를 준비할 수 있다. 3.2 색과 모양 그리고 여백을 살려 접시에 담을 수 있다. 3.3 전채를 먹는데 필요한 접시나 기물, 핑거볼을 제공할 수 있다. 3.4 전채에 적합한 콘디멘트(Condiments)를 제공할 수 있다. 3.5 마무리된 음식의 색깔과 맛, 풍미, 온도를 통해 음식의 품질을 평가할 수 있다.
	【지 식】 • 식·공간 연출 • 접시 선택법 • 종류에 따른 질감, 향미, 색채의 특징 • 테이블 스타일링 • 푸드 스타일링 • 품질 선별법
	【기 술】 • 곁들임을 선택하여 조리하는 능력 • 냉장, 냉동고 관리 능력 • 전채의 양, 색, 맛을 좋은 품질로 만드는 능력 • 조화를 고려하여 제공할 수 있는 능력

쉬림프 카나페
SHRIMP CANAPE

지급재료

새우(Shrimp, 30~40g) 4마리, **식빵**(Bread Sliced) 1조각, **달걀**(Egg) 1개, **파슬리**(Parsley) 1줄기, **토마토케찹**(Tomato Ketchup) 10g, **소금**(Salt) 5g, **흰후춧가루**(White Pepper Ground) 2g, **레몬**(Lemon) 1/8개, **이쑤시개**(Tooth Pick) 1개, **당근**(Carrot) 15g, **셀러리**(Celery) 15g, **양파**(Onion) 1/8개

요구사항

※ 주어진 재료를 사용하여 다음과 같이 쉬림프 카나페를 만드시오.

1. 새우는 내장을 제거한 후 미르포아(Mire-poix)를 넣고 삶아서 껍질을 제거하시오.
2. 달걀은 완숙으로 삶아 사용하시오.
3. 식빵은 직경 4cm 정도의 원형으로 하고 쉬림프 카나페는 4개 제출하시오.

수험자 유의사항

1. 새우를 부서지지 않도록 하고 달걀 삶기에 유의한다.
2. 식빵의 수분 흡수에 유의한다.
3. 조리작품 만드는 순서는 틀리지 않게 하여야 한다.
4. 숙련된 기능으로 맛을 내야하므로 조리작업시 음식의 맛을 보지 않는다.
5. 지정된 수험자지참준비물 이외의 조리기구나 재료를 시험장 내에 지참할 수 없다.
6. 지급재료는 시험 전 확인하여 이상이 있을 경우 시험위원으로부터 조치를 받고 시험도중에는 재료의 교환 및 추가지급은 하지 않는다.
7. 다음과 같은 경우에는 채점대상에서 제외한다.
   - 시험시간 내에 과제 두 가지를 제출하지 못한 경우 : 미완성
   - 시험시간 내에 제출된 과제라도 다음과 같은 경우
   1) 문제의 요구사항대로 작품의 수량이 만들어지지 않은 경우 : 미완성
   2) 해당과제의 지급재료 이외의 재료를 사용한 경우 : 오작
   3) 구이를 찜으로 조리하는 등과 같이 조리방법을 다르게 한 경우 : 오작
   4) 불을 사용하여 만든 조리작품이 작품특성을 벗어나는 정도로 타거나 익지 않은 경우 : 실격
   5) 가스레인지 화구 2개 이상 사용한 경우 : 실격
   6) 시험 중 시설 · 장비(칼, 가스레인지 등) 사용 시 감독위원 및 타수험자의 시험진행에 위협이 될 것으로 감독위원 전원이 합의하여 판단한 경우 : 실격
8. 항목별 배점은 위생상태 및 안전관리 5점, 조리기술 30점, 작품의 평가 15점이다.

만드는 방법

1 냄비에 물을 충분히 잡고 달걀을 소금을 넣고 완숙이 되도록 삶는다.
노란자의 위치가 한쪽으로 쏠리지 않고 중앙에 올 수 있도록 굴려 가면서 익혀낸다.
삶은 계란은 껍질을 벗겨 계란 절단기로 슬라이스 한다.

2 새우는 내장을 제거하고 당근, 양파, 레몬, 파슬리줄기, 소금, 물을 넣고 끓인 물에 삶아서 식인 후 껍질을 제거한다.

3 새우 등쪽에 칼집을 2/3 정도 넣은 다음 꼬리가 위로 향하도록 펴서 세운다.

4 빵은 4등분하여 4cm 크기의 원을 만들어 프라이팬에서 노릇하게 구워 놓는다.

5 빵에 버터를 바르고 계란을 놓고 양상추를 깔고 위에 새우를 올린다.
위에 케찹을 젓가락으로 찍어 바른 다음 파세리 잎으로 장식한다.

샐러드 부케를 곁들인 참치타르타르와 채소 비네그레트

TUNA TARTAR WITH SALAD BOUQUET AND VEGETABLE VINAIGRETTE

30 min
시험시간

지급재료

붉은색 참치살(Red Tuna Frozen) 80g, **양파(Onion)** 1/8개, **그린올리브(Green Olive)** 2개, **케이퍼(Caper)** 5개, **올리브오일(Olive Oil)** 25ml, **레몬(Lemon)** 1/4개, **핫소스(Hot sauce)** 5ml, **처빌(Chervil)** 2줄기, **꽃소금(Salt)** 5g, **흰후춧가루(White pepper)** 3g, **차이브(Chive)** 5줄기, **롤라로사(Lolla Rossa)** 2잎, **그린치커리(Green chicory)** 2줄기, **붉은색 파프리카(Red Pimento)** 1/4개, **노란색 파프리카(Yellow Pimento)** 1/8개, **오이(Cucumber)** 1/10개, **파슬리(Parsley)** 1줄기, **딜(Dill)** 3줄기, **식초(Vinegar)** 10ml

요구사항

※주어진 재료를 사용하여 다음과 같이 샐러드 부케를 곁들인 참치타르타르와 채소 비네그레트를 만드시오.

1. 참치는 꽃소금을 사용하여 해동하고, 3~4mm 정도의 작은 주사위 모양으로 썰어 양파, 그린올리브, 케이퍼, 처빌 등을 이용하여 타르타르를 만드시오.
2. 채소를 이용하여 샐러드부케를 만드시오.
3. 참치타르타르는 테이블 수푼 2개를 사용하여 퀀넬형태로 3개를 만들시오.
4. 비네그레트는 양파, 붉은색과 노란색 파프리카, 오이를 가로세로 2mm 정도의 작은 주사위 모양으로 썰어서 사용하고 파슬리과 딜은 다져서 사용하시오.

수험자 유의사항

1. 썰은 참치의 핏물제거와 색의 변화에 유의하시오.
2. 샐러드 부케 만드는 것에 유의하시오.
3. 조리작품 만드는 순서는 틀리지 않게 하여야 한다.
4. 숙련된 기능으로 맛을 내야하므로 조리작업시 음식의 맛을 보지 않는다.
5. 지정된 수험자지참준비물 이외의 조리기구나 재료를 시험장 내에 지참할 수 없다.
6. 지급재료는 시험 전 확인하여 이상이 있을 경우 시험위원으로부터 조치를 받고 시험도중에는 재료의 교환 및 추가지급은 하지 않는다.
7. 다음과 같은 경우에는 채점대상에서 제외한다.
   - 시험시간 내에 과제 두 가지를 제출하지 못한 경우 : 미완성
   - 시험시간 내에 제출된 과제라도 다음과 같은 경우
   1) 문제의 요구사항대로 작품의 수량이 만들어지지 않은 경우 : 미완성
   2) 해당과제의 지급재료 이외의 재료를 사용한 경우 : 오작
   3) 구이를 찜으로 조리하는 등과 같이 조리방법을 다르게 한 경우 : 오작
   4) 불을 사용하여 만든 조리작품이 작품특성을 벗어나는 정도로 타거나 익지 않은 경우 : 실격
   5) 가스레인지 화구 2개 이상 사용한 경우 : 실격
   6) 시험 중 시설 · 장비(칼, 가스레인지 등) 사용 시 감독위원 및 타수험자의 시험진행에 위협이 될 것으로 감독위원 전원이 합의하여 판단한 경우 : 실격
8. 항목별 배점은 위생상태 및 안전관리 5점, 조리기술 30점, 작품의 평가 15점이다.

만드는 방법

1 참치는 꽃소금을 이용하여 물에다 5분 정도 해동시킨다.
해동을 한 후 키친타월로 물기를 제거하고 감싸서 숙성시킨다.

2 채소를 깨끗하게 씻어 물에 담가 싱싱하게 만들어 놓는다.

3 참치는 3mm 크기의 형태로 썰고 다진 양파, 다진 케이퍼, 레몬주스, 다진 올리브, 올리브 오일, 핫소스, 다진 실파 줄기, 소금, 후추를 넣고 고르게 버무려 섞는다.

4 둥근 볼에 소금, 후추, 식초을 넣고 잘 섞은 다음 올리브 오일을 서서히 부어주면서 거품기로 잘 혼합하고, 양파, 붉은색 파프리카, 노란색 파프리카, 오이를 2mm 정도의 크기로 썰고, 다진 딜을 섞어 채소 비네그레트를 만든다.

5 버무린 참치는 테이블 스푼 2개를 이용하여 쿼넬 형태로 만든다.

6 채소의 물기를 제거한 다음, 붉은 색 파프리카는 5~6cm 크기의 채로 썰고, 붉은색 파프리카와 팽이 버섯을 가운데 놓고, 그린 비타민, 그린 치커리, 롤라로사로 감싸 준 후 차이브를 이용하여 동그랗게 묶어 세울 수 있도록 모양을 잡아준다.

7 접시의 중간 지점에 채소 부케를 놓고 쿼넬 모양의 참치 3개를 접시에 둥그렇게 놓는다. 참치 쿼넬 주변으로 채소 비네그레트 드레싱을 빙 둘러서 뿌린다. 부케와 함께 딜과 처빌을 놓아 장식한다. 쿼넬 위에는 소금물에 살짝 절여 놓은 붉은색 파프리카와 노란색 파프리카를 X자 모양으로 포개어 모양을 낸다.

* **테이블 스푼 2개** 쿼넬용 머리부문 가루 6 cm,세로 폭 3.5~4cm

버건디스타일의 달팽이요리
BURGUNDY STYLE SNAIL

지급재료

달팽이(Snail) 12마리, **버터(Butter)** 60g, **다진 마늘(Garlic chop)** 10g, **양파(Onion)** 50g, **백포도주(White wine)** 50ml, **다진 파슬리(Parsley chop)** 5g, **레몬주스(Lemon juice)** 10ml, **소금(Salt)** 2g, **후추(Pepper)** 2g

NOTES

만드는 방법

1 달팽이를 깨끗하게 준비한다.
2 달팽이를 제외한 재료들을 혼합하여 달팽이 버터를 만든다.
3 달팽이 볼을 이용하여 구멍에 달팽이를 넣고, 달팽이 버터를 올려서 200℃의 오븐에 넣어 4~5분 정도 굽는다.
(달팽이 껍질을 이용하는 경우 달팽이를 넣고 버터를 넣는다)

#.**달팽이**

달팽이는 서식지에 따라 수상종, 지하종, 지상종의 세가지 형으로 나뉘며 고단백질, 칼슘이 풍부하고 지방이 적어 성인병 예방에 좋고, 강장재로서 고급요리 재료로 많이 사용된다.
달팽이에는 뮤신이라는 끈끈한 점액이 있어 달팽이 조직의 수분 유지시키고 혈관, 내장 등에 윤기를 주는 역할을 한다.

채소로 속을 채운 훈제연어롤
SMOKED SALMON ROLL WITH VEGETABLE

40 min 시험시간

지급재료

훈제연어(Smoked Salmon) 150g, **당근(Carrot)** 40g, **셀러리(Cellery)** 15g, **무(Turnip)** 15g, **홍피망(Red Pimento)** 1/8개, **청피망(Green Pimento)** 1/8개, **양파(Onion)** 1/8개, **겨자무(Horseradish)** 10g, **양상추(Head Lettuce)** 15g, **레몬(Lemon)** 1/4개, **생크림(Fresh Cream)** 50g, **파슬리(Parsley)** 1줄기, **소금(Salt)** 5g, **흰후춧가루(White Pepper)** 5g, **케이퍼(Caper)** 6개

요구사항

※ 주어진 재료를 사용하여 다음과 같이 훈제연어롤을 만드시오.

1. 주어진 훈제연어를 슬라이스하여 사용하시오.
2. 당근, 셀러리, 무, 홍피망, 청피망을 0.3cm 정도의 두께로 채 써시오.
3. 채소로 속을 채워 롤을 만드시오.
4. 롤을 만든 뒤 일정한 크기로 6등분하여 제출하시오.
5. 생크림, 겨자무(홀스레디쉬), 레몬즙을 이용하여 만든 홀스레디쉬크림, 케이퍼, 레몬웨이지, 양파, 파슬리를 곁들이시오.

수험자 유의사항

1. 훈제연어기름 제거에 유의한다.
2. 슬라이스한 훈제연어 살이 갈라지지 않도록 한다.
3. 롤은 일정한 두께로 만든다.
4. 조리작품 만드는 순서는 틀리지 않게 하여야 한다.
5. 숙련된 기능으로 맛을 내야하므로 조리작업시 음식의 맛을 보지 않는다.
6. 지정된 수험자지참준비물 이외의 조리기구나 재료를 시험장 내에 지참할 수 없다.
7. 지급재료는 시험 전 확인하여 이상이 있을 경우 시험위원으로부터 조치를 받고 시험도중에는 재료의 교환 및 추가지급은 하지 않는다.
8. 다음과 같은 경우에는 채점대상에서 제외한다.
   - 시험시간 내에 과제 두 가지를 제출하지 못한 경우 : 미완성
   - 시험시간 내에 제출된 과제라도 다음과 같은 경우

   1) 문제의 요구사항대로 작품의 수량이 만들어지지 않은 경우 : 미완성
   2) 해당과제의 지급재료 이외의 재료를 사용한 경우 : 오작
   3) 구이를 찜으로 조리하는 등과 같이 조리방법을 다르게 한 경우 : 오작
   4) 불을 사용하여 만든 조리작품이 작품특성을 벗어나는 정도로 타거나 익지 않은 경우 : 실격
   5) 가스레인지 화구 2개 이상 사용한 경우 : 실격
   6) 시험 중 시설 · 장비(칼, 가스레인지 등) 사용 시 감독위원 및 타수험자의 시험진행에 위협이 될 것으로 감독위원 전원이 합의하여 판단한 경우 : 실격

8\. 항목별 배점은 위생상태 및 안전관리 5점, 조리기술 30점, 작품의 평가 15점이다.

만드는 방법

1 훈제연어를 슬라이스하고 키친 타올을 이용 기름기를 제거한다.

2 당근, 샐러리, 무, 홍피망, 청피망을 0.3cm로 채썰기로 썰고 양상추는 물에 담근다.

3 양파는 다지기를 하고, 홀스레디쉬를 거름기를 이용하여 물기을 뺀다.

4 생크림을 휘핑하여 홀스레디쉬와 섞어 홀스레디쉬크림을 만든다.

5 비닐을 깔고, 그 위에 넓게 슬라이스한 훈제연어를 세로로 넓게 깐다.(훈제연어는 가로로 넓게 슬라이스하는 것이 좋다) 그 위에 채 썬 당근, 샐러리, 무, 홍피망, 청피망에 흰 후추가루를 살짝 뿌린 다음, 내용물이 새지 않도록, 연어 슬라이스가 터지지 않도록 주의하여 단단히 동그랗게 말아준다.

6 말은 훈제요리를 6등분으로 자르고, 양상추를 깔고 훈제 연어와 함께 다진 양파, 케이퍼, 파세리, 홀스레디쉬크림을 놓고 레몬 웨이지를 놓고 마무리한다.

V. 양식 샐러드조리

분류번호 1301010206_14v2

능력단위 명칭 양식 샐러드조리

능력단위 정의 양식 샐러드조리는 어패류·육류·채소류·유제품류·가공식품류를 활용하여 단순 샐러드와 복합 샐러드, 각종 드레싱류를 조리하는 능력이다.

능력단위요소	수행준거
1301010206_14v2.1 샐러드재료 준비하기	1.1 샐러드와 어울리는 드레싱 재료를 준비할 수 있다. 1.2 샐러드용 재료를 적합한 용도와 특성에 맞게 전처리할 수 있다. 1.3 샐러드 조리에 필요한 조리도구(Kitchen Utensil)를 준비할 수 있다.
	【지 식】 •드레싱의 종류와 특성 •구성과 서비스 방식 •드레싱의 구성방법 •종류와 특성 •자극하는 재료와 색채, 맛, 향의 특징 •어패류, 채소의 주재료 특성과 용도방법 •용도별 칼, 도마 사용법 •종류와 특성
	【기 술】 •냉장, 냉동고 관리 능력 •스토브, 오븐 조작 능력 •신선한 육류, 어패류, 채소류 선택 능력 •재료를 메뉴의 특징에 맞게 자르는 능력 •재료와 조리법을 중복시키지 않는 능력 •조리실 온도 관리 능력 •채소, 과일의 전처리 하는 능력

<table>
<tr><th>능력단위요소</th><th>수행준거</th></tr>
<tr><td rowspan="3">1301010206_14v2.2
샐러드 조리하기</td><td>2.1 유화에 안정을 주는 재료와 식초, 기름을 넣어 안정된 상태로 만들 수 있다.
2.2 드레싱의 특징에 맞는 허브와 향신료, 콘디멘트(Condiment)를 첨가할 수 있다.
2.3 육류, 어패류, 채소, 곡류는 따로 익혀서 조리할 수 있다.
2.4 필요한 경우 드레싱에 버무리기 전 양념할 수 있다.</td></tr>
<tr><td>【지 식】
•드레싱 종류에 따른 조리법
•샐러드 종류에 따른 조리법
•샐러드 특성과 메뉴 구성
•적합한 콘디멘트(Condiments) 선택법
•채소와 허브의 종류와 특성(명칭)</td></tr>
<tr><td>【기 술】
•냉장, 냉동고 관리 능력
•스토브 화력 조작과 시간조절 능력
•신선한 채소, 허브를 손질, 조리하는 능력
•원하는 드레싱의 맛, 향, 농도, 색을 만들 수 있는 능력
•주재료 용도별 칼, 도마 사용 능력</td></tr>
<tr><td rowspan="3">1301010206_14v2.3
샐러드요리 완성하기</td><td>3.1 샐러드용 재료에 드레싱을 얹거나 버무릴 수 있다.
3.2 메뉴에 알맞은 허브와 향신료, 콘디멘트(Condiment)를 선택하여 첨가할 수 있다.
3.3 샐러드는 차갑게 제공할 수 있다.
3.4 마무리된 음식의 색깔과 맛, 풍미, 온도를 통해 음식의 품질을 평가할 수 있다.</td></tr>
<tr><td>【지 식】
•다양한 색감의 음식을 접시에 담는 방법
•샐러드에 드레싱을 버무리거나 따로 제공하는 판단력
•접시 선택법
•종류에 따른 질감, 향미, 색채의 특징
•푸드 스타일 방법
•품질 선별법력</td></tr>
<tr><td>【기 술】
•곁들임을 선택하여 조리하는 능력
•냉장, 냉동고 관리 능력
•드레싱을 선택하여 조리하는 능력
•양, 색, 맛을 좋은 품질로 만드는 능력
•질감, 향미, 색채, 온도의 조화를 고려한 제공 능력</td></tr>
</table>

포테이토 샐러드
POTATO SALAD

지급재료

감자(Potato, 150g) 1개, **양파(Onion)** 30g, **파슬리(Parsley)** 1줄기,
소금(Salt) 5g, **흰후춧가루(White Pepper)** 1g,
마요네즈(Mayonnaise) 50g

요구사항

※ 주어진 재료를 사용하여 다음과 같이 포테이토 샐러드를 만드시오.

1. 감자는 껍질을 벗긴 후 1cm 정도의 정육면체로 썰어서 삶으시오.
2. 양파는 곱게 다져 매운맛을 제거하시오.
3. 파슬리는 다져서 사용하시오.

수험자 유의사항

1. 감자는 잘 익고 부서지지 않도록 유의하고 양파의 매운 맛 제거에 유의한다.
2. 양파와 파슬리는 뭉치지 않도록 버무린다.
3. 조리작품 만드는 순서는 틀리지 않게 하여야 한다.
4. 숙련된 기능으로 맛을 내야하므로 조리작업시 음식의 맛을 보지 않는다.
5. 지정된 수험자지참준비물 이외의 조리기구나 재료를 시험장 내에 지참할 수 없다.
6. 지급재료는 시험 전 확인하여 이상이 있을 경우 시험위원으로부터 조치를 받고 시험도중에는 재료의 교환 및 추가지급은 하지 않는다.
7. 다음과 같은 경우에는 채점대상에서 제외한다.
   - 시험시간 내에 과제 두 가지를 제출하지 못한 경우 : 미완성
   - 시험시간 내에 제출된 과제라도 다음과 같은 경우
   1) 문제의 요구사항대로 작품의 수량이 만들어지지 않은 경우 : 미완성
   2) 해당과제의 지급재료 이외의 재료를 사용한 경우 : 오작
   3) 구이를 찜으로 조리하는 등과 같이 조리방법을 다르게 한 경우 : 오작
   4) 불을 사용하여 만든 조리작품이 작품특성을 벗어나는 정도로 타거나 익지 않은 경우 : 실격
   5) 가스레인지 화구 2개 이상 사용한 경우 : 실격
   6) 시험 중 시설 · 장비(칼, 가스레인지 등) 사용 시 감독위원 및 타수험자의 시험진행에 위협이 될 것으로 감독위원 전원이 합의하여 판단한 경우 : 실격
8. 항목별 배점은 위생상태 및 안전관리 5점, 조리기술 30점, 작품의 평가 15점이다.

만드는 방법

1 양상추는 찬물에 담구어 싱싱하도록 한다.

2 감자는 껍질을 벗기고 1cm 정육면체로 썬 다음 물에 한번 헹군 다음 소금을 넣고 감자의 사각 형태가 유지되도록 삶는다.

3 양파와 파슬리는 따로 곱게 다진다. 양파는 소금에 살짝 절여 매운 맛과 수분을 제거하고, 파슬리는 소청에 싸서 흐르는 물에 헹군 후 살짝 짜 놓는다.

4 믹싱볼에 양파, 마요네즈, 흰 후추가루, 소금 등을 넣고 고루 섞이도록 버무린다.

5 접시에 양상추를 깔고 감자 샐러드를 담고 다진 파슬리를 살짝 뿌린다.

해산물 샐러드
SEAFOOD SALAD

30 min
시험시간

지급재료

새우(Shrimp, 30~40g) 3마리, **관자살**(Seascallop_50~60g) 1개, **피홍합**(Green Mussel) 3개, **중합**(Clam_3cm) 3개, **양파**(Onion) 1/4개, **마늘**(Garlic) 1개, **실파**(Chive) 20g, **그린치커리**(Green chicory) 2줄기, **양상추**(Head Lettuce) 10g, **롤라로사**(Lolla Rossa) 2잎, **올리브오일**(Olive Oil) 20ml, **레몬**(Lemon) 1/4개, **식초**(Vinegar) 10ml, **딜**(Dill) 2줄기, **월계수잎**(Bay Leaf) 1잎, **셀러리**(Celery) 10g, **흰통후추**(White pepper Corn) 3개, **소금**(Salt) 5g, **흰후춧가루**(White pepper) 5g, **당근**(Carrot) 15g

요구사항

※주어진 재료를 사용하여 다음과 같이 해산물 샐러드를 만드시오.

1. 미르포아(Mire-poix), 향신료, 레몬을 이용하여 쿠르부용(Court Bouillon)을 만드시오.
2. 해산물은 손질하여 쿠르부용(Court bouillon)에 데쳐 사용하시오.
3. 샐러드 채소는 깨끗이 손질하여 싱싱하게 하시오.
4. 레몬 비네그레트는 양파, 레몬즙, 올리브 오일 등을 사용하여 만드시오.

수험자 유의사항

1. 조리작품 만드는 순서는 틀리지 않게 하여야 한다.
2. 숙련된 기능으로 맛을 내야하므로 조리작업시 음식의 맛을 보지 않는다.
3. 지정된 수험자지참준비물 이외의 조리기구나 재료를 시험장 내에 지참할 수 없다.
4. 지급재료는 시험 전 확인하여 이상이 있을 경우 시험위원으로부터 조치를 받고 시험도중에는 재료의 교환 및 추가지급은 하지 않는다.
5. 다음과 같은 경우에는 채점대상에서 제외한다.
   - 시험시간 내에 과제 두 가지를 제출하지 못한 경우 : 미완성
   - 시험시간 내에 제출된 과제라도 다음과 같은 경우
   1) 문제의 요구사항대로 작품의 수량이 만들어지지 않은 경우 : 미완성
   2) 해당과제의 지급재료 이외의 재료를 사용한 경우 : 오작
   3) 구이를 찜으로 조리하는 등과 같이 조리방법을 다르게 한 경우 : 오작
   4) 불을 사용하여 만든 조리작품이 작품특성을 벗어나는 정도로 타거나 익지 않은 경우 : 실격
   5) 가스레인지 화구 2개 이상 사용한 경우 : 실격
   6) 시험 중 시설 · 장비(칼, 가스레인지 등) 사용 시 감독위원 및 타수험자의 시험진행에 위협이 될 것으로 감독위원 전원이 합의하여 판단한 경우 : 실격
6. 항목별 배점은 위생상태 및 안전관리 5점, 조리기술 30점, 작품의 평가 15점이다.

만드는 방법

1. 그린치커리, 롤라로사, 양상추 그린 비타민을 깨끗하게 씻어서 물에 담가 놓는다.
2. 마늘, 양파, 당근, 샐러리, 흰 통후추, 소금, 월계수잎, 레몬을 이용하여 쿠르부용(Court Bouillon)을 만든다.
3. 관자살 옆에 붙어 있는 막을 제거하고 새우는 내장을 제거하고, 중합과 홍합은 껍데기에 붙어있는 흡착이를 제거하고 소금물에 해감시킨다.
4. 쿠르부용(Court Bouillon)에 새우, 관자를 잠기게 한 다음 먼저 데친다. 그리고 피홍합과 중합을 데친다.
5. 드레싱 볼에 레몬즙을 넣고 다진 마늘, 식초, 소금, 후추를 섞은 후 올리브 오일을 조금씩 천천히 부어주면서 거품기로 잘 섞이도록 혼합한다.
6. 데친 관자, 새우는 적당한 크기로 3등분한다. 중합과 홍합에서 껍질을 제거한 다음 드레싱에 잘 버무린다.
7. 레몬 제스트 (레몬껍질 흰부분을 제거하고 노란 부위만을 채썰기)를 만든 후 끓는 물에 살짝 데친 다음, 꺼내서 다른 팬에 설탕을 조금 넣고 살짝 졸인다.
8. 롤라로사를 접시 위쪽에 놓고 양상추를 손으로 3~4cm 크기로 뜯어 위에 놓는다. 그 위에 그린비타민, 그린치커리, 챠이브로 채소 부케(bouquet) 만들어 놓는다. 채소 위에 드레싱을 버무린 해산물을 놓는다.
9. 해산물 샐러드 위에 레몬 제스트를 4~5개 올려서 모양을 낸다. 그리고 남아있는 드레싱도 뿌려서 제공한다.

월도프 샐러드
WALDORF SALAD

지급재료

사과(Apple) 200g, 셀러리(Celery) 30g, 호두(Walnut, 중) 2개, 레몬(Lemon) 1/4개, 소금(Salt) 2g, 흰후춧가루(White Pepper) 1g, 마요네즈(Mayonnaise) 60g, 양상추(Lettuce) 20g, 이쑤시개(Toothpick) 1개

요구사항

※ 주어진 재료를 사용하여 다음과 같이 월도프 샐러드를 만드시오.

1. 사과, 셀러리, 호두알을 사방 1cm 정도의 크기로 써시오.
2. 사과의 껍질을 벗겨 변색되지 않게 하고, 호두알의 속껍질을 벗겨 사용하시오.
3. 상추위에 월도프 샐러드를 담아내시오.

수험자 유의사항

1. 사과의 변색에 유의한다.
2. 조리작품 만드는 순서는 틀리지 않게 하여야 한다.
3. 숙련된 기능으로 맛을 내야하므로 조리작업시 음식의 맛을 보지 않는다.
4. 지정된 수험자지참준비물 이외의 조리기구나 재료를 시험장 내에 지참할 수 없다.
5. 지급재료는 시험 전 확인하여 이상이 있을 경우 시험위원으로부터 조치를 받고 시험도중에는 재료의 교환 및 추가지급은 하지 않는다.
6. 다음과 같은 경우에는 채점대상에서 제외한다.
   - 시험시간 내에 과제 두 가지를 제출하지 못한 경우 : 미완성
   - 시험시간 내에 제출된 과제라도 다음과 같은 경우
   1) 문제의 요구사항대로 작품의 수량이 만들어지지 않은 경우 : 미완성
   2) 해당과제의 지급재료 이외의 재료를 사용한 경우 : 오작
   3) 구이를 찜으로 조리하는 등과 같이 조리방법을 다르게 한 경우 : 오작
   4) 불을 사용하여 만든 조리작품이 작품특성을 벗어나는 정도로 타거나 익지 않은 경우 : 실격
   5) 가스레인지 화구 2개 이상 사용한 경우 : 실격
   6) 시험 중 시설 · 장비(칼, 가스레인지 등) 사용 시 감독위원 및 타수험자의 시험진행에 위협이 될 것으로 감독위원 전원이 합의하여 판단한 경우 : 실격
7. 항목별 배점은 위생상태 및 안전관리 5점, 조리기술 30점, 작품의 평가 15점이다.

만드는 방법

1. 호두는 미지근한 물에 담근 후 불려 요지를 사용하여 껍질을 벗겨 1cm 크기로 썬다.
2. 셀러리는 1cm 정도의 크기로 썬다.
3. 사과는 깍아 1cm 정도의 크기로 잘라 레몬 주스나 소금물에 담근다.
4. 사과에 물기를 제거하고 마요네즈와 셀러리, 호두, 소금, 후추 약간씩 넣고 레몬주스를 넣어 버무린다.
5. 양상추를 깔고 사과 샐러드를 놓고 호두를 장식으로 올려준다.

시저 샐러드
CAESAR SALAD

지급재료

달걀(Egg, 60g) 2개, 디존 머스터드(Dijon Muster) 10g, 로메인 상추(Romain Lettuce) 50g, 마늘(Garlic) 1쪽, 베이컨(Bacon) 15g, 앤쵸비(Anavy) 3개, 올리브오일(Olive oil) 20ml, 카놀라오일(Canola oil) 300ml, 식빵 슬라이스(Toast Slice) 1쪽, 파미지아노 레기아노치즈 덩어리(Parmigiano Reggiano Cheese Block) 20g, 화이트와인식초(White wine vinegar) 20ml, 소금(Salt) 10g, 검은 후춧가루(Black pepper powder) 5g

요구사항

※주어진 재료를 사용하여 다음과 같이 시저샐러드를 만드시오.

1. 마요네즈(100g), 시저드레싱(100g), 시저샐러드(전량)를 만들어 3가지를 각각 별도의 그릇에 담아 제출하시오.
2. 마요네즈(mayonnaise)는 달걀노른자, 카놀라오일, 레몬즙, 디존 머스터드, 화이트와인식초를 사용하여 만드시오.
3. 시저드레싱(caesar dressing)은 마요네즈, 마늘, 앤초비, 검은후춧가루, 파미지아노 레기아노, 올리브오일, 디존 머스터드, 레몬즙을 사용하여 만드시오.
4. 파미지아노 레기아노는 강판이나 채칼을 사용하시오.
5. 시저샐러드(caesar salad)는 로메인 상추, 곁들임(크루통(1cm x 1cm), 구운 베이컨(폭 0.5cm), 파미지아노 레기아노), 시저드레싱을 사용하여 만드시오.

수험자 유의사항

1. 만드는 순서에 유의하며, 위생과 숙련된 기능평가를 위하여 조리작업 시 맛을 보지 않습니다.
2. 지정된 수험자지참준비물 이외의 조리기구나 재료를 시험장내에 지참할 수 없습니다.
3. 지급재료는 시험 전 확인하여 이상이 있을 경우 시험위원으로부터 조치를 받고 시험 중에는 재료의 교환 및 추가지급은 하지 않습니다.
4. 요구사항의 규격은 '정도'의 의미를 포함하며, 지급된 재료의 크기에 따라 가감하여 채점합니다.
5. 위생상태 및 안전관리 사항을 준수합니다.
6. 다음 사항에 대해서는 채점대상에서 제외하니 특히 유의하시기 바랍니다.
   - 기권 : 수험자 본인이 시험 도중 시험에 대한 포기 의사를 표현하는 경우
   - 실격
   1) 가스레인지 화구 2개 이상(2개 포함) 사용한 경우
   2) 불을 사용하여 만든 조리작품이 작품특성에 벗어나는 정도로 타거나 익지 않은 경우
   3) 시험 중 시설·장비(칼, 가스레인지 등) 사용 시 감독위원 및 타수험자의 시험 진행에 위협이 될 것으로 감독위원 전원이 합의하여 판단한 경우
   - 미완성
   1) 시험시간 내에 과제 두 가지를 제출하지 못한 경우
   2) 문제의 요구사항대로 과제의 수량이 만들어지지 않은 경우
   - 오작
   1) 구이를 찜으로 조리하는 등과 같이 완성품을 요구사항과 다르게 만든 경우
   2) 해당과제의 지급재료 이외의 재료를 사용하거나 석쇠 등 요구사항의 조리도구를 사용하지 않은 경우
   - 요구사항에 표시된 실격, 미완성, 오작에 해당하는 경우
7. 항목별 배점은 위생상태 및 안전관리 5점, 조리기술 30점, 작품의 평가 15점이다.

만드는 방법

1. 식빵을 이용하여 (1cm*1cm)으로 잘라서 쿠루통을 만든다.
2. 로메인 레터스는 먹기 좋게 잘라 물에 담그고, 마늘과 앤쵸비는 곱게 다지고, 베이컨은 (폭 0.5cm)으로 썰어 볶아주고, 레몬은 즙을 내고, 치즈는 강판으로 갈아 준비한다.
3. 달걀 노른자 2개를 이용하여 레몬즙, 디존 겨자, 와인식초, 소금을 이용하여 마요네즈를 만들어 100ml 정도 따로 덜어놓고, 남은 마요네즈에 다진 마늘, 앤쵸비, 파메산치즈, 레몬즙을 넣어 시저드레싱을 만든다.
4. 시저드레싱과 함께 물기를 제거한 로메인 레터스와 베이컨, 쿠루통, 치즈가루를 이용하여 샐러드를 마무리한다.

* **시저샐러드의 유래**
시저샐러드는 1924년 시저 칼디니라는 이탈리아 계 미국인 요리사가 처음 만들었다. 당시 시저는 샌디에고(San Diego)에서 남쪽으로 멕시코 국경을 넘어 위치한 티후아나(Tijuana)라는 도시에서 미국의 금주법을 피해 레스토랑을 운영하고 있었다. 1924년 7월 4일 미국 독립기념일을 맞아 이 레스토랑에 손님이 한꺼번에 밀려들어 샐러드 재료가 부족해졌고, 시저가 주방에 남은 재료를 모아 즉흥적으로 만들어 낸 것이 바로 시저샐러드다.

사우전아일랜드 드레싱
THOUSAND ISLAND DRESSING

20 min
시험시간

지급재료

마요네즈(Mayonnaise) 70g, 오이피클(Pickle Cucumber) 1/2개, 양파(Onion) 1/6개, 토마토케첩(Tomato Ketchup) 20g, 소금(Salt) 2g, 흰후춧가루(White Pepper Ground) 1g, 레몬(Lemon) 1/4개, 달걀(Egg) 1개, 청피망(Green Pimento) 1/4개, 식초(Vinegar) 10ml

요구사항

※ 주어진 재료를 사용하여 다음과 같이 사우전아일랜드 드레싱을 만드시오.

1. 드레싱은 핑크빛이 되도록 하시오.
2. 다지는 재료는 0.2cm 정도의 크기로 하시오.
3. 드레싱은 농도를 잘 맞추어 100ml 이상 제출하시오.

수험자 유의사항

1. 다진 재료의 물기를 제거한다.
2. 조리작품 만드는 순서는 틀리지 않게 하여야 한다.
3. 숙련된 기능으로 맛을 내야하므로 조리작업시 음식의 맛을 보지 않는다.
4. 지정된 수험자지참준비물 이외의 조리기구나 재료를 시험장 내에 지참할 수 없다.
5. 지급재료는 시험 전 확인하여 이상이 있을 경우 시험위원으로부터 조치를 받고 시험도중에는 재료의 교환 및 추가지급은 하지 않는다.
6. 다음과 같은 경우에는 채점대상에서 제외한다.
   - 시험시간 내에 과제 두 가지를 제출하지 못한 경우 : 미완성
   - 시험시간 내에 제출된 과제라도 다음과 같은 경우

   1) 문제의 요구사항대로 작품의 수량이 만들어지지 않은 경우 : 미완성
   2) 해당과제의 지급재료 이외의 재료를 사용한 경우 : 오작
   3) 구이를 찜으로 조리하는 등과 같이 조리방법을 다르게 한 경우 : 오작
   4) 불을 사용하여 만든 조리작품이 작품특성을 벗어나는 정도로 타거나 익지 않은 경우 : 실격
   5) 가스레인지 화구 2개 이상 사용한 경우 : 실격
   6) 시험 중 시설 · 장비(칼, 가스레인지 등) 사용 시 감독위원 및 타수험자의 시험진행에 위협이 될 것으로 감독위원 전원이 합의하여 판단한 경우 : 실격
7. 항목별 배점은 위생상태 및 안전관리 5점, 조리기술 30점, 작품의 평가 15점이다.

만드는 방법

1 달걀을 소금을 넣고 완숙이 되도록 삶는다.
달걀의 흰자는 다지고 노른자는 체에 내린다.

2 양파, 피클, 피망을 0.2cm 정도의 크기로 다져 놓는다.
양파는 소금에 절인 후 꼭 짠다.

3 마요네즈에 모든 다진 재료와 레몬즙을 넣어 소금, 후추를 넣고 잘 섞어 준다.
드레싱의 농도는 피클 주소로 조절하여 준다.

* **1000 Dressing**
드레싱의 유래 기본적인 요소는 색, 맛, 농도로서 핑크색과 고소한 마요네즈의 맛, 톡 쏘는 부재료의 맛에 레몬의 신맛이 어우러져야 제대로 된 드레싱이 될 수 있다.
부재료로 올리브, 케이퍼, 야채나 열매뿐만 아니라 각종 소스류가 어우러져 만들어진다.

실용 드레싱
PRACTICAL DRESSING

✓ 오일 베네가 드레싱 OIL & VINEGAR DRESSING

재료 목록 (산출량 1L)

식초(Vinegar)100ml, **올리브오일(Olive oil)** 300ml, **소금(Salt)** 3g, **후추** 3g

만드는 방법

1 식용유와 식초의 비율은 일반적으로 3:1을 하여 섞어준다.

2 오일 베네가 드레싱은 분리가 잘 되므로 사용시 저어서 사용하도록 한다.

◈ 드레싱에 레몬을 첨가하거나 야채를 곁들이면 맛을 향상 시킬 수 있다.

프렌치드레싱 FRENCH DRESSING

재료 목록 (산출량 1L)

올리브오일(Olive oil) 900ml, **식초(Vinegar)** 250ml, **양파(Onion)** 100g, **마늘(Garlic)** 3g, **Mustar** 5g, **레몬(Lemon)** 0.2개, **소금(Salt)** 2g, **흰후춧가루(White Pepper)** 1g

만드는 방법

1 양파와 마늘을 갈아서 퓨레를 만든다.

2 식초에 겨자와 소금을 푼 다음 올리브유와 섞고 양파, 마늘, 레몬쥬스를 넣고 섞는다.

◈ 생채소와 어울러지는 드레싱은 간을 조금 강하게 하기도 한다.

이탈리안 드레싱 ITALIAN DRESSING

재료 목록

올리브오일(Oilve oil) 2L, **Red wine vinegar** 1L, **로즈마리(Rosemary)**3g, **타임(Thym)** 2g, **바질(Fresh basil)** 5g, **Tarragon** 3g, **Coriander** 5g, **마늘(Garlic)** 5g, **오레가노(Oregano)** 3g, **파슬리(Parsley)** 4g

만드는 방법

1 마늘을 올리브 오일에 볶은 다음 모든 향신료를 다져서 놓고 향이 우러나도록 약간 끓인 후 레드 와인 식초를 넣어서 혼합한다.

◈ 이탈리안 드레싱은 만든 후 일주일 정도에 사용하는 것이 좋다.

시저 드레싱 CAESAR DRESSING

재료 목록

올리브오일(Olive oil) 50ml, **Egg yolk 1ea**, **Dijon mustard** 8g, **마늘(Garlic)** 5g, **베이컨(Bacon)** 20g, **Parmesan Cheese** 15g, **앤쵸비(Anchovy)** 5g, **Red wine vinegar** 5ml, **Worcestershire sauce** 3ml, **레몬주스(Lemon juice)** 3ml, **우유(Milk)** 100ml

만드는 방법

1 마늘과 앤쵸비, 베이컨을 구워 다진다.

2 달걀 노른자와 디종(Dijon)겨자를 넣고 올리브유를 넣어 가며 마요네즈를 만든 다음 마늘, 앤쵸비, 베이컨, 파메산 치즈, 핫소스, 레드와인 베네가, 레몬쥬스, 우스타 소스, 후추를 섞어서 만든다.

◈ 드레싱의 농도는 우유로 조절하고, 파메산 치즈와 앤쵸비로 짠 맛과 향을 조절한다.

Ⅵ. 양식 어패류조리

분류번호 1301010207_14v2

능력단위 명칭 양식 어패류조리

능력단위 정의 양식 어패류조리는 생선류, 조개류, 갑각류 등을 활용하여 각각의 특성에 맞게 조리하고, 곁들여지는 소스 등을 조리하는 능력이다.

능력단위요소	수행준거
1301010207_14v2.1 어패류재료 준비하기	1.1 어패류의 원산지, 조리법을 고려하여 선별할 수 있다. 1.2 조리에 요구되는 신선도를 갖고 있는지 검사할 수 있다. 1.3 구입 후 조리 이전까지 신선한 상태를 유지하도록 보관할 수 있다. 1.4 생선류, 조개류, 갑각류를 손질하여 용도에 맞는 크기로 자를 수 있다. 1.5 요리에 알맞은 부재료와 소스를 준비할 수 있다. 1.6 필요한 경우 오일과 향신료를 이용하여 마리네이드(Marinade)할 수 있다. 1.7 어패류조리에 필요한 조리도구(Kitchen Utensil)를 준비할 수 있다.
	【지 식】 • 메뉴에 따른 부재료와 소스의 특징 • 메뉴의 특성에 맞는 어패류 손질 관리법 • 메뉴의 특성에 맞는 전처리, 마리네이드 방법 • 어패류의 원산지, 조리법 • 어패류의 특징 • 주재료 용도별 칼, 도마 사용법
	【기 술】 • 가스레인지 조작능력 • 냉장, 냉동고관리 능력 • 메뉴에 따라 어패류 선택 능력 • 부재료, 소스 선택 능력 • 오븐 사용능력 • 특성에 맞게 전처리, 마리네이드할 수 있는 능력

<table>
<tr><th>능력단위요소</th><th>수행준거</th></tr>
<tr><td rowspan="3">1301010207_14v2.2
어패류요리 조리하기</td><td>2.1 재료에 적합한 조리방식과 조리도구를 결정할 수 있다.
2.2 재료가 눌어붙거나 부서지지 않도록 조리할 수 있다.
2.3 화력을 조절하여 살이 오그라들거나 덜 익혀지지 않도록 할 수 있다.
2.4 용도에 알맞게 향신료와 와인을 사용하여 조리할 수 있다.
2.5 요리에 알맞은 부재료와 소스를 조리할 수 있다.</td></tr>
<tr><td>【지 식】
•부재료와 소스
•양식기초직무능력
•어패류조리 방법
•익힘 정도
•특성과 용도
•향신료 종류와 쓰임 방법</td></tr>
<tr><td>【기 술】
•냉장, 냉동고 관리 능력
•부재료와 소스를 조리할 수 있는 능력
•오븐 사용능력
•적정한 상태로 조리할 수 있는 능력
•향신료 종류에 따라 활용할 수 있는 능력</td></tr>
<tr><td rowspan="3">1301010207_14v2.3
어패류요리 완성하기</td><td>3.1 요리에 알맞은 맛과 풍미를 이끌어낼 수 있는 소스를 제공할 수 있다.
3.2 주재료에 어울리는 부재료(Side Dish), 가니시(Garnish)를 제공할 수 있다.
3.3 마무리된 음식의 색깔과 맛, 풍미, 온도를 통해 음식의 품질을 평가할 수 있다.</td></tr>
<tr><td>【지 식】
•맛과 풍미를 이끌어내는 부재료와 소스 선택 방법
•메뉴에 따른 어패류조리법
•메뉴에 따른 제공기물 선택법
•완성된 요리를 담는 푸드 스타일 방법
•지정된 색, 맛, 풍미, 온도를 유지하는 방법</td></tr>
<tr><td>【기 술】
•메뉴에 따른 부재료 활용 능력
•메뉴에 따른 어패류 조리 능력
•색깔과 맛, 풍미, 온도를 고려한 제공 능력
•양, 색, 맛을 좋은 품질로 만드는 능력
•요리에 따른 그릇 선택 능력</td></tr>
</table>

피시 뮈니엘
FISH MEUNIERE

지급재료

가자미(Turbot) 1마리, **밀가루(Flour)** 30g, **버터(Butter)** 50g, **소금(Salt)** 2g, **흰후춧가루(White Pepper Ground)** 2g, **레몬(Lemon)** 1/2개, **파슬리(Parsley)** 1줄기

요구사항

※ 주어진 재료를 사용하여 다음과 같이 피시 뮈니엘을 만드시오.

1. 생선은 길이를 일정하게 하여 4쪽을 구워 내시오.
2. 소스와 함께 레몬과 파슬리를 곁들여 내시오.
3. 생선은 5장 뜨기로 길이를 일정하게 하여 4쪽을 구워내시오.

수험자 유의사항

1. 생선살은 흐트러지지 않게 5장 포뜨기를 한다.
2. 생선의 담는 방법에 유의한다.
3. 조리작품 만드는 순서는 틀리지 않게 하여야 한다.
4. 숙련된 기능으로 맛을 내야하므로 조리작업시 음식의 맛을 보지 않는다.
5. 지정된 수험자지참준비물 이외의 조리기구나 재료를 시험장 내에 지참할 수 없다.
6. 지급재료는 시험 전 확인하여 이상이 있을 경우 시험위원으로부터 조치를 받고 시험도중에는 재료의 교환 및 추가지급은 하지 않는다.
7. 다음과 같은 경우에는 채점대상에서 제외한다.
   - 시험시간 내에 과제 두 가지를 제출하지 못한 경우 : 미완성
   - 시험시간 내에 제출된 과제라도 다음과 같은 경우
   1) 문제의 요구사항대로 작품의 수량이 만들어지지 않은 경우 : 미완성
   2) 해당과제의 지급재료 이외의 재료를 사용한 경우 : 오작
   3) 구이를 찜으로 조리하는 등과 같이 조리방법을 다르게 한 경우 : 오작
   4) 불을 사용하여 만든 조리작품이 작품특성을 벗어나는 정도로 타거나 익지 않은 경우 : 실격
   5) 가스레인지 화구 2개 이상 사용한 경우 : 실격
   6) 시험 중 시설 · 장비(칼, 가스레인지 등) 사용 시 감독위원 및 타수험자의 시험진행에 위협이 될 것으로 감독위원 전원이 합의하여 판단한 경우 : 실격
8. 항목별 배점은 위생상태 및 안전관리 5점, 조리기술 30점, 작품의 평가 15점이다.

만드는 방법

1. 파슬리의 반을 곱게 다지고, 면보에 짜서 물기를 제거하고 나머지는 물에 담가둔다.
2. 가자미는 내장을 제거한 후 껍질을 벗기고 4장 뜨기 하여 소금, 후추, 레몬으로 양념을 한다.
3. 밀가루를 묻혀서 중간불의 팬에서 뼈쪽 면의 생선살을 먼저 노릇하게 구운 후 뒤집어 익혀낸다.
4. 살 안쪽이 위로 오도록 접시에 담는다.
5. 팬에 버터를 녹인 후 레몬 쥬스, 소금, 후추의 양념을 하고 파슬리 다진 것을 넣고 생선살 위에 뿌린다.
6. 레몬과 파슬리를 장식한다.

* **Meuniere**
생선을 양념한 뒤 밀가루를 묻혀서 버터에 구운 요리를 의미한다. 생선에 밀가루는 굽기 직전에 입히도록 한다.

솔모르네
SOLE MORNAY

40 min
시험시간

지급재료

가자미(Sole) 1마리, 치즈(Cheese) 1장, 카이엔페퍼(Cayenne Pepper) 2g, 밀가루(Flour) 30g, 버터(Butter) 50g, 우유(Milk) 200ml, 양파(Onion) 150g, 정향(Clove) 1개, 레몬(Lemon) 1/4개, 월계수잎(Bay Leaf) 1잎, 파슬리(Parsley) 1줄기, 흰 통후추(White Pepper Corn) 3개, 소금(Salt) 2g

요구사항

※주어진 재료를 사용하여 다음과 같이 솔모르네를 만드시오.

1. 피시스톡(fish stock)을 만들어 생선을 포우칭(poaching)하시오.
2. 베샤멜소스를 만들어 치즈를 넣고 모르네소스(mornay sauce)를 만드시오.
3. 생선은 5장 뜨기하고 수량은 같은 크기로 4쪽 제출하시오.
4. 카이엔페퍼를 뿌려내시오.

수험자 유의사항

1. 소스의 농도에 유의한다.
2. 생선살이 흐트러지지 않도록 5장 뜨기를 한다.
3. 생선뼈는 지급된 생선으로 사용한다.
4. 조리작품 만드는 순서는 틀리지 않게 하여야 한다.
5. 숙련된 기능으로 맛을 내야하므로 조리작업시 음식의 맛을 보지 않는다.
6. 지정된 수험자지참준비물 이외의 조리기구나 재료를 시험장 내에 지참할 수 없다.
7. 지급재료는 시험 전 확인하여 이상이 있을 경우 시험위원으로부터 조치를 받고 시험도중에는 재료의 교환 및 추가지급은 하지 않는다.
8. 다음과 같은 경우에는 채점대상에서 제외한다.
   - 시험시간 내에 과제 두 가지를 제출하지 못한 경우 : 미완성
   - 시험시간 내에 제출된 과제라도 다음과 같은 경우
   1) 문제의 요구사항대로 작품의 수량이 만들어지지 않은 경우 : 미완성
   2) 해당과제의 지급재료 이외의 재료를 사용한 경우 : 오작
   3) 구이를 찜으로 조리하는 등과 같이 조리방법을 다르게 한 경우 : 오작
   4) 불을 사용하여 만든 조리작품이 작품특성을 벗어나는 정도로 타거나 익지 않은 경우 : 실격
   5) 가스레인지 화구 2개 이상 사용한 경우 : 실격
   6) 시험 중 시설 · 장비(칼, 가스레인지 등) 사용 시 감독위원 및 타수험자의 시험진행에 위협이 될 것으로 감독위원 전원이 합의하여 판단한 경우 : 실격
9. 항목별 배점은 위생상태 및 안전관리 5점, 조리기술 30점, 작품의 평가 15점이다.

만드는 방법

1. 넙치는 소금물로 깨끗이 씻어 껍질을 벗겨서 4장의 생선살을 발라내어 소금, 후추, 레몬을 뿌린다.
2. 생선 뼈는 2cm 크기로 잘라 물에 담가 핏물을 뺀 후 소스 팬에 버터를 넣고 양파, 레몬즙, 통후추, 파슬리 줄기를 넣고 볶은 다음 물을 붓고 끓여 생선육수를 만든다.
3. 버터, 밀가루 그리고 우유를 넣고 끓여 베샤멜 소스를 만든다.(양파에 정향을 꽂아넣음)
4. 생선 육수에 다진 양파를 약간 넣고 그 위에 생선을 얹어 포칭(Poach) 한다.
5. 베샤멜 소스에 치즈를 넣고 생선 육수로 농도를 맞추어 소금 간을 하여 모네이(Mornay) 소스를 만든다.
6. 생선을 담고 소스를 뿌린 후 카이엔 페퍼를 살짝 뿌려 장식한다.

* **Mornay Sauce**
베샤멜 소스에 치즈를 녹여 만든 소스로 영국의 헨리 4세의 정치 고문을 한 필립 모르네이의 이름을 따서 만들었다.
치즈는 주로 그뤼에르 치즈가 사용되며 소스의 사용 직전에 넣는 것이 좋다.
생선 찜, 파스타, 채소요리 등에 다양하게 이용된다.

프렌치프라이드 쉬림프
FRENCH FRIED SHRIMP

25 min
시험시간

지급재료

새우(Shrimp, 50~60g) 4마리, **밀가루(Flour)** 80g, **백설탕(Sugar)** 2g, **달걀(Egg)** 1개, **소금(Salt)** 2g, **흰후춧가루(White Pepper)** 2g, **식용유(Salad oil)** 500ml, **레몬(Lemon)** 1/6개, **파스리(Parsley)** 5g, **냅킨(Napkin)** 2장, **이쑤시개(Tooth pick)** 1개

요구사항

※ 주어진 재료를 사용하여 다음과 같이 프렌치프라이드 쉬림프를 만드시오.

1. 새우는 꼬리쪽에서 1마디 정도 껍질을 남겨 구부러지지 않게 튀기시오.
2. 새우튀김은 4개를 제출하시오.
3. 레몬과 파슬리를 곁들이시오.

수험자 유의사항

1. 새우는 꼬리쪽에서 1마디 정도만 껍질을 남긴다.
2. 튀김반죽에 유의하고, 튀김의 색깔이 깨끗하게 한다.
3. 조리작품 만드는 순서는 틀리지 않게 하여야 한다.
4. 숙련된 기능으로 맛을 내야하므로 조리작업시 음식의 맛을 보지 않는다.
5. 지정된 수험자지참준비물 이외의 조리기구나 재료를 시험장 내에 지참할 수 없다.
6. 지급재료는 시험 전 확인하여 이상이 있을 경우 시험위원으로부터 조치를 받고 시험도중에는 재료의 교환 및 추가지급은 하지 않는다.
7. 다음과 같은 경우에는 채점대상에서 제외한다.
   - 시험시간 내에 과제 두 가지를 제출하지 못한 경우 : 미완성
   - 시험시간 내에 제출된 과제라도 다음과 같은 경우
   1) 문제의 요구사항대로 작품의 수량이 만들어지지 않은 경우 : 미완성
   2) 해당과제의 지급재료 이외의 재료를 사용한 경우 : 오작
   3) 구이를 찜으로 조리하는 등과 같이 조리방법을 다르게 한 경우 : 오작
   4) 불을 사용하여 만든 조리작품이 작품특성을 벗어나는 정도로 타거나 익지 않은 경우 : 실격
   5) 가스레인지 화구 2개 이상 사용한 경우 : 실격
   6) 시험 중 시설 · 장비(칼, 가스레인지 등) 사용 시 감독위원 및 타수험자의 시험진행에 위협이 될 것으로 감독위원 전원이 합의하여 판단한 경우 : 실격
8. 항목별 배점은 위생상태 및 안전관리 5점, 조리기술 30점, 작품의 평가 15점이다.

만드는 방법

1. 새우는 내장 제거 하고 꼬리의 한 마디만 남기고 껍질을 벗기고 꼬리쪽의 물집 주머니를 제거한 후 배쪽으로 칼집 내준 다음 소금, 후추, 레몬주스를 넣고 간을 한다.
2. 밀가루를 체에 친 후 소금, 후추 물에 나누어 넣어준다.
3. 달걀 노른자는 물에 넣기 전에 넣으면 밀가루와 덩어리지므로 반드시 물 넣고 난 후에 넣어준다.
4. 반죽은 걸죽할 정도로 한 후, 믹싱볼에 달걀 흰자를 휘핑해서 넣고 반죽에 스푼으로 흰자를 넣으면서 섞어준다.
5. 새우에 밀가루를 묻히고 반죽을 입혀 튀겨낸다.
6. 파슬리도 반죽 옷을 입혀 하얗게 될 때까지 튀겨 곁들여 낸다.
7. 레몬과 파슬리, 새우머리로 장식을 한다.

브야베스
BOUILLABAISSE

지급재료

새우(Shrimp) 50g, **조개**(Clam) 60g, **홍합**(Mussel) 60g, **관자**(Scallop) 50g, **가자미**(Turbot) 50g, **양파**(Onion) 30g, **토마토**(Tomato) 30g, **대파**(Leek) 10g, **파슬리**(Parsley) 1줄기, **마늘**(Garlic) 5g, **샤프론**(Saffron) 1g, **타임**(Thyme) 1g, **딜**(Dill) 1g, **백포도주**(White wine) 50ml, **올리브오일**(Olive oil) 10ml, **소금**(Salt) 2g, **후추**(Pepper ground) 2g

NOTES

만드는 방법

1 가자미 살을 뜨고 뼈는 생선 육수를 만든다.
2 양파, 마늘, 대파를 줄리안(Julienne)으로 썰고 토마토는 콘카세(Concasse)로 썬다.
3 새우는 내장과 껍질을 제거하고 홍합, 조개, 관자살을 깨끗하게 손질을 한다.
4 홍합과 조개, 가자미 살은 미리 익혀 놓는다.
5 올리브 오일에 마늘, 양파 파를 볶은 후 새우 관자를 볶고 백포도주를 넣고 토마토를 넣고 볶다 생선 육수와 샤프론을 넣어 끓이면서 홍합과 조개, 가자미 살을 넣고 끓인다.
6 해산물이 익으면 양념을 하고, 수프볼에 담아 향신 야채로 장식을 한다.

#.홍합과 조개류는 미리 삶아 불순물을 제거하고, 스톡은 걸러 사용할 수 있도록 한다.
가자미 살이 접시에 담겨질 때까지 부서지지 않도록 주의한다.

샴페인 소스를 곁들인 치즈 크럼블 농어구이

CHEESE CRUMBLE SEABASS WITH CHAMPAGNE SAUCE

지급재료

농어(Seabass fillet) 180g, **당근채**(Carrot julienne) 60g, **셀러리채**(Celery julienne) 60g, **대파채**(Leek julienne) 60g, **버터**(Butter) 60g, **샴페인**(Champagne) 120ml, **생크림**(Fresh cream) 100ml, **생선스톡**(Fish stock) 200ml, **방울토마토**(Cherry tomato) 100g, **감자**(Potato) 100g

크럼볼 치즈 Crumble cheese

크럼볼 치즈(Cream cheese) 80g, **버터**(Butter) 100g, **빵가루**(Bread crumble) 80g, **파슬리**(Parsley) 5g

NOTES

만드는 방법

1 당근, 셀러리, 대파를 줄리언(Julienne) 썰기하여 볶는다.
2 감자는 샤또(Chateau) 모양으로 깎아 삶아 팬에서 버터 볶음을 하고 방울 토마토는 올리브 오일에 볶는다.
3 크림치즈, 버터, 빵가루, 파슬리를 이용하여 치즈 크럼블을 만들어 얇게 밀어 농어살 크기에 맞도록 잘라 올려주고, 오븐펜을 이용하여 샴페인이 농어 높이의 반 정도 잠기게 하여 오븐에서 갈색이 되도록 굽는다.
4 생선 구운 팬의 남은 샴페인을 이용하여 버터와 크림, 레몬을 넣어 샴페인 소스를 만든다.
5 채소 볶은 것을 접시에 놓고 오븐 구이 생선을 올린다. 샴페인 소스를 뿌려주고 감자와 방울 토마토를 곁들인다.

스페인식 해물밥
SPANISH PAELLA VALENCIENNE

지급재료

쌀(Rice) 150g, 다진 양파(Onion chop) 50g, 다진 마늘(Garlic chop) 10g, 닭다리(Chicken leg) 120g, 슬라이스 살라미(Sliced salmi) 100g, 홍합(Fresh mussel) 50g, 오징어(Squid) 50g, 조개(Clam) 50g, 중새우(Medium shrimp) 50g, 레몬(Lemon) 1/4개, 토마토(Tomato) 1/4개, Red piment 20g, Green piment 20g, Green peas 10g, 백포도주(White wine) 100ml, 샤프론(Saffron) 1g, 다진 파슬리(Parsley chopped) 3g, 올리브오일(Olive oil) 50ml, 치킨스톡(Chicken stock) 250ml

NOTES

만드는 방법

1 쌀을 씻어 체에 받쳐 두고, 닭다리는 팬에서 색이 나도록 구워준다.
2 달구어진 팬에 올리브유를 두르고 양파, 마늘, 쌀을 넣고 쌀이 투명해지도록 볶은 후 구운 닭고기, 오징어, 살라미, 피망, 토마토를 넣고 더 볶는다.
3 오븐용 팬을 이용하여 닭 육수와 샤프론을 넣고 완두콩, 새우, 홍합, 조개를 넣고 끓인 후 160℃오븐에서 15~20분 조리한다.(육수의 양을 필요시 조정한다)
4 접시에 가지런히 재료가 섞이도록 하여 담고 레몬, 파세리 다진 것을 곁들인다.

VII. 양식 육류조리

분류번호 1301010208_14v2

능력단위 명칭 양식 육류조리

능력단위 정의 양식 육류조리는 육류와 가금류 등을 활용하여 육류, 가금류 조리와 곁들여지는 소스 등을 조리하는 능력이다.

능력단위요소	수행준거
	1.1 조리법과 질김 정도, 향미를 고려하여 육류, 가금류의 종류와 메뉴에 맞는 부위를 선택할 수 있다. 1.2 메뉴의 종류에 따라 육류, 가금류의 종류와 조리 부위를 선택할 수 있다. 1.3 용도에 맞게 재료를 발골, 절단하여 손질할 수 있다. 1.4 요리에 알맞은 부재료와 소스를 준비할 수 있다. 1.5 로스팅(Roasting)할 재료는 끈을 사용하여 감쌀 수 있도록 묶을 수 있다. 1.6 필요에 따라 마리네이드(Marinade)방법과 향신료와 채소를 채워 넣는 방법을 사용할 수 있다. 1.7 육류조리에 필요한 주방도구(Kitchen Utensil)를 준비할 수 있다.
1301010208_14v2.1 육류재료 준비하기	【지 식】 • 메뉴에 따른 부재료와 소스 • 육류, 가금류 특징 • 재료의 발골, 절단 방법 • 전처리, 마리네이드 방법 • 주재료 용도별 칼, 도마 사용법
	【기 술】 • 가스레인지 조작능력 • 냉장, 냉동고 관리 능력 • 발골, 절단 능력 • 부재료와 소스 선택 능력 • 오븐 사용 능력 • 육류, 가금류의 선택 능력 • 전처리, 마리네이드를 할 수 있는 능력

능력단위요소	수행준거
1301010208_14v2.2 육류요리 조리하기	2.1 육류, 가금류 요리 시 재료에 적합한 조리방식과 조리도구를 결정할 수 있다. 2.2 재료가 눌어붙거나 부서지지 않도록 조리할 수 있다. 2.3 육류, 가금류 요리에 알맞은 가니시(Garnish)와 소스를 조리할 수 있다. 2.4 화력과 시간을 조절하여 원하는 익힘 정도로 조리할 수 있다. 2.5 향신료를 사용하여 향과 맛을 조절할 수 있다.
	【지 식】 • 메뉴에 따른 육류조리 방법 • 부재료와 소스 • 양식 기초 직무능력 • 육류요리의 익힘 정도 • 육류의 특성과 용도 • 향신료 종류와 쓰임 방법
	【기 술】 • 냉장, 냉동고 관리 능력 • 부재료와 소스 조리 능력 • 오븐을 사용 능력 • 적정한 상태의 육류조리 능력 • 향신료 종류에 따라 활용할 수 있는 능력
1301010208_14v2.3 육류요리 완성하기	3.1 육류, 가금류 요리에 알맞은 맛과 풍미를 이끌어낼 수 있는 요리를 제공할 수 있다. 3.2 주재료에 어울리는 가니시(Garnish)를 제공할 수 있다. 3.3 마무리된 음식의 색깔과 맛, 풍미, 온도를 통해 음식의 품질을 평가할 수 있다.
	【지 식】 • 가니시(Garnish)와 소스 선택법 • 메뉴에 따른 육류조리법 • 메뉴에 따른 제공기물 선택법 • 완성된 요리를 담는 푸드 스타일 방법 • 지정된 색, 맛, 풍미, 온도를 유지하는 방법
	【기 술】 • 메뉴에 따른 육류 조리 능력 • 부재료 활용 능력 • 색깔과 맛, 풍미, 온도를 고려한 제공 능력 • 요리에 따른 그릇 선택 능력

40 min
시험시간

살리스버리 스테이크
SALISBURY STEAK

지급재료

소고기(Beef ground) 130g, **양파(Onion)** 50g, **달걀(Egg)** 1개, **우유(Milk)** 10ml, **빵가루(Bread crumb)** 20g, **소금(Salt)** 2g, **검은후춧가루(Black Pepper)** 2g, **식용유(Salad Oil)** 150ml, **감자(Potato)** 1/2개, **당근(Carrot)** 70g, **시금치(Spinach)** 40g, **백설탕(Sugar)** 25g, **버터(Butter)** 50g

요구사항

※ 주어진 재료를 사용하여 다음과 같이 살리스버리 스테이크를 만드시오.

1. 살리스버리 스테이크는 타원형으로 만들어 고기 앞, 뒤의 색을 갈색으로 구우시오.
2. 더운 채소(당근, 감자, 시금치)를 각각 모양 있게 만들어 함께 내시오.

수험자 유의사항

1. 고기가 타지 않도록 하며, 구워진 고기가 단단해지지 않도록 유의한다. (곁들이는 소스는 생략한다)
2. 주어진 조미재료를 활용하여 더운 채소의 요리법(색, 모양 등)에 유의한다.
3. 조리작품 만드는 순서는 틀리지 않게 하여야 한다.
4. 숙련된 기능으로 맛을 내야하므로 조리작업시 음식의 맛을 보지 않는다.
5. 지정된 수험자지참준비물 이외의 조리기구나 재료를 시험장 내에 지참할 수 없다.
6. 지급재료는 시험 전 확인하여 이상이 있을 경우 시험위원으로부터 조치를 받고 시험도중에는 재료의 교환 및 추가지급은 하지 않는다.
7. 다음과 같은 경우에는 채점대상에서 제외한다.
   - 시험시간 내에 과제 두 가지를 제출하지 못한 경우 : 미완성
   - 시험시간 내에 제출된 과제라도 다음과 같은 경우
   1) 문제의 요구사항대로 작품의 수량이 만들어지지 않은 경우 : 미완성
   2) 해당과제의 지급재료 이외의 재료를 사용한 경우 : 오작
   3) 구이를 찜으로 조리하는 등과 같이 조리방법을 다르게 한 경우 : 오작
   4) 불을 사용하여 만든 조리작품이 작품특성을 벗어나는 정도로 타거나 익지 않은 경우 : 실격
   5) 가스레인지 화구 2개 이상 사용한 경우 : 실격
   6) 시험 중 시설 · 장비(칼, 가스레인지 등) 사용 시 감독위원 및 타수험자의 시험진행에 위협이 될 것으로 감독위원 전원이 합의하여 판단한 경우 : 실격
8. 항목별 배점은 위생상태 및 안전관리 5점, 조리기술 30점, 작품의 평가 15점이다.

만드는 방법

1 양파는 곱게 다져 볶아 놓고, 빵가루는 우유에 적셔 놓는다.

2 다진 소고기에 양파 다진 것, 달걀, 빵가루, 소금, 후추 등을 넣고 끈기있게 치댄 다음 1.5cm 두께의 타원형으로 만든다. (모양을 만들 때 스테이크의 가운데를 동그랗게 살짝 눌러준다)

3 당근은 0.5 cm 두께로 둥글게 썰어 깎아 삶은 다음 버터와 설탕으로 윤기있게 조리하고 소금, 후추로 간을 한다.(Vichy Carrot)

4 감자는 5cm×0.7Cm 두께의 막대 모양으로 썰어 중간 정도 삶은 다음 170℃ 온도에서 튀겨낸다.(French Fried Potato)

5 시금치는 소금 물에 살짝 데쳐서 다진 양파와 함께 버터로 볶아 낸다.

6 달구어진 팬에 식용유를 두르고 스테이크를 처음에는 센 불로 굽다가 약한 불로 구워 내며 속까지 익을 수 있도록 뚜껑을 덮어주기도 한다.

7 3가지 채소를 접시에 담은 다음 스테이크를 담는다.
(스테이크를 담을 때는 팬에 먼저 닿았던 부분이 윗면이 되도록 놓는다)

서로인 스테이크
SIRLOIN STEAK

30
min
시험시간

지급재료

소고기(Sirloin steak) 200g, 감자(Potato) 1/2개, 당근(Carrot) 70g, 시금치(Spinach) 70g, 소금(Salt) 2g, 검은후춧가루(Black Pepper) 2g, 식용유(Salad Oil) 150ml, 버터(Butter) 50g, 백설탕(Sugar) 25g, 양파(Onion) 1/6개

요구사항

※ 주어진 재료를 사용하여 다음과 같이 서로인 스테이크를 만드시오.

1. 스테이크는 미디움(medium)을 구우시오.
2. 더운 채소(당근, 감자, 시금치)를 각각 모양 있게 만들어 함께 내시오.

수험자 유의사항

1. 생스테이크의 색에 유의한다.(곁들이는 소스는 생략한다)
2. 주어진 조미재료를 활용하여 더운 채소의 요리법(색, 모양 등)에 유의한다.
3. 조리작품 만드는 순서는 틀리지 않게 하여야 한다.
4. 숙련된 기능으로 맛을 내야하므로 조리작업시 음식의 맛을 보지 않는다.
5. 지정된 수험자지참준비물 이외의 조리기구나 재료를 시험장 내에 지참할 수 없다.
6. 지급재료는 시험 전 확인하여 이상이 있을 경우 시험위원으로부터 조치를 받고 시험도중에는 재료의 교환 및 추가지급은 하지 않는다.
7. 다음과 같은 경우에는 채점대상에서 제외한다.
   - 시험시간 내에 과제 두 가지를 제출하지 못한 경우 : 미완성
   - 시험시간 내에 제출된 과제라도 다음과 같은 경우

   1) 문제의 요구사항대로 작품의 수량이 만들어지지 않은 경우 : 미완성
   2) 해당과제의 지급재료 이외의 재료를 사용한 경우 : 오작
   3) 구이를 찜으로 조리하는 등과 같이 조리방법을 다르게 한 경우 : 오작
   4) 불을 사용하여 만든 조리작품이 작품특성을 벗어나는 정도로 타거나 익지 않은 경우 : 실격
   5) 가스레인지 화구 2개 이상 사용한 경우 : 실격
   6) 시험 중 시설 · 장비(칼, 가스레인지 등) 사용 시 감독위원 및 타수험자의 시험진행에 위협이 될 것으로 감독위원 전원이 합의하여 판단한 경우 : 실격
8. 항목별 배점은 위생상태 및 안전관리 5점, 조리기술 30점, 작품의 평가 15점이다.

만드는 방법

1. 감자 껍질을 벗겨 0.7x0.7x5cm 정도로 썰어서 반 정도 삶아서 물기를 제거한 후 기름에 튀겨낸다.(French Fried Poato)
2. 당근은 깎아 삶은 다음 버터, 설탕, 레몬주스로 조리하고 소금, 후추로 간을 한다. (Vichy Carrot)
3. 시금치는 살짝 데쳐서 다진 양파와 함께 버터에 볶아낸다.
4. 등심은 프라이팬을 달구어 소금과 후추를 뿌린 후 양면이 갈색이 나게 익혀낸다. (Medium)
5. 접시에 감자, 시금치, 당근을 담고 스테이크를 보기 좋게 담는다.

비프스튜
BEEF STEW

40 min
시험시간

지급재료

소고기(Beef Round) 100g, **당근**(Carrot) 70g, **양파**(Onion) 1/4개, **셀러리**(Celery) 30g, **감자**(Potato) 1/3개, **마늘**(Garlic) 1쪽, **토마토 페이스트**(Tomato Paste) 20g, **밀가루**(Flour) 25g, **버터**(Butter) 30g, **소금**(Salt) 2g, **검은후춧가루**(Black Pepper) 2g, **파슬리**(Parsley) 1줄기, **월계수잎**(Bay Leaf) 1잎, **정향**(Clove) 1개

요구사항

※주어진 재료를 사용하여 다음과 같이 비프스튜를 만드시오.

1. 완성된 소고기와 채소의 크기는 1.8cm 정도의 정육면체로 하시오.
2. 브라우 루(Brown roux)를 만들어 사용하시오.
3. 그릇에 비프스튜를 담고 파슬리 다진 것을 뿌려 내시오.

수험자 유의사항

1. 소스의 농도와 분량에 유의한다.
2. 고기와 채소는 형태를 유지하면서 익히는데 유의한다.
3. 조리작품 만드는 순서는 틀리지 않게 하여야 한다.
4. 숙련된 기능으로 맛을 내야하므로 조리작업시 음식의 맛을 보지 않는다.
5. 지정된 수험자지참준비물 이외의 조리기구나 재료를 시험장 내에 지참할 수 없다.
6. 지급재료는 시험 전 확인하여 이상이 있을 경우 시험위원으로부터 조치를 받고 시험도중에는 재료의 교환 및 추가지급은 하지 않는다.
7. 다음과 같은 경우에는 채점대상에서 제외한다.
   - 시험시간 내에 과제 두 가지를 제출하지 못한 경우: 미완성
   - 시험시간 내에 제출된 과제라도 다음과 같은 경우

   1) 문제의 요구사항대로 작품의 수량이 만들어지지 않은 경우 : 미완성
   2) 해당과제의 지급재료 이외의 재료를 사용한 경우 : 오작
   3) 구이를 찜으로 조리하는 등과 같이 조리방법을 다르게 한 경우 : 오작
   4) 불을 사용하여 만든 조리작품이 작품특성을 벗어나는 정도로 타거나 익지 않은 경우 : 실격
   5) 가스레인지 화구 2개 이상 사용한 경우 : 실격
   6) 시험 중 시설 · 장비(칼, 가스레인지 등) 사용 시 감독위원 및 타수험자의 시험진행에 위협이 될 것으로 감독위원 전원이 합의하여 판단한 경우 : 실격
8. 항목별 배점은 위생상태 및 안전관리 5점, 조리기술 30점, 작품의 평가 15점이다.

만드는 방법

1. 소고기는 2cm 육면체로 썰고, 야채 1.8cm 크기로 썰어 모서리를 다듬고 감자는 찬물에 담가 놓고, 파세리와 마늘은 다진다.
2. 버터와 밀가루를 같은 양으로 볶아 갈색의 루(Brown roux)를 만든다.
3. 달구어진 팬에 기름을 두르고 쇠고기에 밀가루를 묻혀 볶다가 마늘, 양파, 당근을 넣고 볶다 토마토 페스트를 같이 볶아준다.
4. 브라운스톡을 넣고, 부케 가르니를 넣어 끓인 후, 감자는 중간에 넣어 부서지지 않도록 넣어 주고 약한 불로 더 익힌 다음 소금, 후추로 맛을 조절하고, 스튜의 농도를 조정한 후 부케 가르니를 꺼낸 후 그릇에 담고 파세리 다진 것을 뿌려준다.

바비큐 폭찹
BARBECUE PORK CHOP

지급재료

돼지갈비(Pork Rib) 200g, 토마토케찹(Ketchup) 30g, 우스터소스(Worcester Shire Sauce) 5ml, 황설탕(Brown Sugar) 10g, 양파(Onion) 60g, 소금(Salt) 2g, 검은후춧가루(Black Pepper) 2g, 셀러리(Celery) 30g, 핫소스(Hot sauce) 5ml, 버터(Butter) 10g, 식초(Vinegar) 10ml, 월계수잎(Bay Leaf) 2잎, 밀가루(Flour) 10g, 레몬(Lemon) 1/6개, 마늘(Garlic) 1쪽, 비프스톡(Beef Stock) 200ml, 식용유(Salad oil) 30ml

요구사항

※ 주어진 재료를 사용하여 다음과 같이 바비큐 폭찹을 만드시오.

1. 고기는 뼈가 붙은 채로 사용하고 고기의 두께는 1cm 정도로 하시오. (단, 지급재료에 따라 가감한다)
2. 양파, 셀러리, 마늘은 다려 소스로 만드시오.
3. 완성된 소스는 농도에 유의하고 윤기가 나도록 하시오.

수험자 유의사항

1. 주어진 재료로 소스를 만들고 농도에 유의한다.
2. 재료의 익히는 순서를 고려하여 끓인다.
3. 조리작품 만드는 순서는 틀리지 않게 하여야 한다.
4. 숙련된 기능으로 맛을 내야하므로 조리작업시 음식의 맛을 보지 않는다.
5. 지정된 수험자지참준비물 이외의 조리기구나 재료를 시험장 내에 지참할 수 없다.
6. 지급재료는 시험 전 확인하여 이상이 있을 경우 시험위원으로부터 조치를 받고 시험도중에는 재료의 교환 및 추가지급은 하지 않는다.
7. 다음과 같은 경우에는 채점대상에서 제외한다.
   - 시험시간 내에 과제 두 가지를 제출하지 못한 경우 : 미완성
   - 시험시간 내에 제출된 과제라도 다음과 같은 경우
   1) 문제의 요구사항대로 작품의 수량이 만들어지지 않은 경우 : 미완성
   2) 해당과제의 지급재료 이외의 재료를 사용한 경우 : 오작
   3) 구이를 찜으로 조리하는 등과 같이 조리방법을 다르게 한 경우 : 오작
   4) 불을 사용하여 만든 조리작품이 작품특성을 벗어나는 정도로 타거나 익지 않은 경우 : 실격
   5) 가스레인지 화구 2개 이상 사용한 경우 : 실격
   6) 시험 중 시설 · 장비(칼, 가스레인지 등) 사용 시 감독위원 및 타수험자의 시험진행에 위협이 될 것으로 감독위원 전원이 합의하여 판단한 경우 : 실격
8. 항목별 배점은 위생상태 및 안전관리 5점, 조리기술 30점, 작품의 평가 15점이다.

만드는 방법

1. 돼지갈비를 찬물에 담가 핏물을 제거한 후 기름기를 제거하고 1cm 두께로 떠주고, 칼집을 내준 후 소금, 후추로 간을 하여 밀가루를 묻혀 팬에 굽는다.
2. 양파, 셀러리, 마늘을 다진다.
3. 팬에 버터를 넣어 양파, 샐러리, 마늘 다진 것 볶은 다음, 토마토 케찹, 황설탕, 소금, 후추, 육수, 식초, 레몬즙, 핫소스, 우스타소스, 월계수 잎을 넣고 끓이면서 이물질을 걷어낸다.
4. 바비큐 소스에 구운 돼지 갈비를 넣고 충분히 소스의 맛이 베이도록 졸인다.
5. 접시에 바비큐를 먼저 담고 월계수 잎을 건져내고 고기에 소스를 뿌려준다.

스파게티를 곁들인 소고기 스트로가노프

BEEF STROGANOFF WITH SPAGHETTI

지급재료

소고기(Beef Tenderloin) 120g, 다진 마늘(Garlic chop) 10g, 파프리카가루(Paprika powder) 5g, 밀가루(Flour) 30g, 소금(Salt) 3g, 후추(Pepper) 3g, 오이피클(Cucumber pickle) 30g, 스파게티면(Spaghetti) 100g, 파슬리(Parsley) 5gr

SAUCE

다진 양파(Onion chop) 50g, 양송이(Mushroom) 70g,
생크림(Fresh cream) 100ml, 브라운소스(Brown sauce) 100ml

NOTES

만드는 방법

1 소고기 안심을 중간 손가락 크기로 잘라 소금 후추와 파프리카 가루, 다진 마늘로 양념하여 밀가루를 묻혀 살짝 비벼서 말아준다.

2 양념된 소고기를 가열된 후라이 팬에서 갈색이 나도록 모양이 유지되도록 볶는다.

3 고기를 구운 팬에 양파 다짐과 양송이를 슬라이스하여 버터에 볶아 준 후 브라운소스를 넣어 끓인 후 생크림을 넣어 소스를 만든다.

4 볶은 소고기를 소스에 넣어 촉촉한 농도가 되도록 하여 크림을 넣어 마무리하여 파스타나 밥을 곁들이고 피클 썰은 것과 파세리 다진 것을 곁들여 마무리한다.

#.**스트로가노프 요리의 유래**

19세기 러시아의 백작 스트로가노프 백작이 만찬회를 열어 손님을 초대했는데 예상보다 많은 인원이 참석하여 준비된 고기 재료가 부족하여 고기를 얇게 썰어 남은 양파와 양송이를 넣고 양을 늘려 참석한 모든 손님들에게 음식을 대접하고 좋은 호평을 받았다. 이에 백작의 이름을 따서 "비프 스트로가노프"라고 명명하였다.
오늘날 이 메뉴는 세계인이 즐기는 요리로서 각국의 레스토랑 메뉴에서 볼수있다.

치킨커틀릿
CHICKEN CUTLET

지급재료

닭다리(Chicken Leg) 160g, 달걀(Egg) 1개, 밀가루(Flour) 50g, 빵가루(Bread crumb) 60g, 소금(Salt) 2g, 검은후춧가루(Black Pepper) 2g, 식용유(Salad oil) 500ml, 냅킨(Napkin) 2장

요구사항

※주어진 재료를 사용하여 다음과 같이 치킨커틀릿을 만드시오.

1. 닭은 껍질채 사용하시오.
2. 완성된 커틀렛의 색에 유의하고 두께를 1cm 정도로 하시오.
3. 딥팻후라이(deep fat frying)로 하시오.

수험자 유의사항

1. 닭고기 모양에 유의한다.
2. 완성된 커틀렛의 색깔에 유의한다.
3. 조리작품 만드는 순서는 틀리지 않게 하여야 한다.
4. 숙련된 기능으로 맛을 내야하므로 조리작업시 음식의 맛을 보지 않는다.
5. 지정된 수험자지참준비물 이외의 조리기구나 재료를 시험장 내에 지참할 수 없다.
6. 지급재료는 시험 전 확인하여 이상이 있을 경우 시험위원으로부터 조치를 받고 시험도중에는 재료의 교환 및 추가지급은 하지 않는다.
7. 다음과 같은 경우에는 채점대상에서 제외한다.
   - 시험시간 내에 과제 두 가지를 제출하지 못한 경우: 미완성
   - 시험시간 내에 제출된 과제라도 다음과 같은 경우
   1) 문제의 요구사항대로 작품의 수량이 만들어지지 않은 경우 : 미완성
   2) 해당과제의 지급재료 이외의 재료를 사용한 경우 : 오작
   3) 구이를 찜으로 조리하는 등과 같이 조리방법을 다르게 한 경우 : 오작
   4) 불을 사용하여 만든 조리작품이 작품특성을 벗어나는 정도로 타거나 익지 않은 경우 : 실격
   5) 가스레인지 화구 2개 이상 사용한 경우 : 실격
   6) 시험 중 시설 · 장비(칼, 가스레인지 등) 사용 시 감독위원 및 타수험자의 시험진행에 위협이 될 것으로 감독위원 전원이 합의하여 판단한 경우 : 실격
8. 항목별 배점은 위생상태 및 안전관리 5점, 조리기술 30점, 작품의 평가 15점이다.

만드는 방법

1 닭고기의 뼈를 발라내어 기름과 힘줄을 제거하고 비닐을 이용 칼등이나 스테이크 망치를 이용하여 5mm 정도의 두께로 두드려 만들어 소금, 후추로 간을 한다.

2 두드린 닭고기에 밀가루, 달걀 물, 빵가루 순으로 튀김 옷을 입혀 타원형 형태로 모양을 만든다.

3 180℃의 기름에서 황금 갈색이 되도록 튀겨 흡수지를 이용 기름을 제거하고 접시에 담는다.

치킨알라킹
CHICKEN A'LA KING

지급재료

닭다리(Chicken) 1개, 청피망(Green Pimento) 1/4개, 홍피망(Red Pimento) 1/6개, 양파(Oinon) 1/6개, 양송이(Mushroom) 50g, 버터(Butter) 20g, 밀가루(Flour) 40g, 우유(Milk) 150ml, 정향(Clove) 1개, 생크림(Fresh cream) 20ml, 소금(Salt) 2g, 흰후춧가루(White pepper) 2g, 월계수잎(Bay Leaf) 1잎

요구사항

※주어진 재료를 사용하여 다음과 같이 치킨알라킹 만드시오.

1. 완성된 닭고기와 채소, 버섯의 크기는 1.8×1.8cm 정도로 균일하게 하시오.
   (단, 지급된 재료의 크기에 따라 가감한다)
2. 닭뼈를 이용하여 치킨 육수를 만들어 사용하시오.
3. 화이트 루(roux)를 이용하여 베샤멜소스(Bechamel Sauce)를 만들어 사용하시오.

수험자 유의사항

1. 소스의 색깔과 농도에 유의한다.
2. 조리작품 만드는 순서는 틀리지 않게 하여야 한다.
3. 숙련된 기능으로 맛을 내야하므로 조리작업시 음식의 맛을 보지 않는다.
4. 지정된 수험자지참준비물 이외의 조리기구나 재료를 시험장 내에 지참할 수 없다.
5. 지급재료는 시험 전 확인하여 이상이 있을 경우 시험위원으로부터 조치를 받고 시험도중에는 재료의 교환 및 추가지급은 하지 않는다.
6. 다음과 같은 경우에는 채점대상에서 제외한다.
   - 시험시간 내에 과제 두 가지를 제출하지 못한 경우: 미완성
   - 시험시간 내에 제출된 과제라도 다음과 같은 경우
   1) 문제의 요구사항대로 작품의 수량이 만들어지지 않은 경우 : 미완성
   2) 해당과제의 지급재료 이외의 재료를 사용한 경우 : 오작
   3) 구이를 찜으로 조리하는 등과 같이 조리방법을 다르게 한 경우 : 오작
   4) 불을 사용하여 만든 조리작품이 작품특성을 벗어나는 정도로 타거나 익지 않은 경우 : 실격
   5) 가스레인지 화구 2개 이상 사용한 경우 : 실격
   6) 시험 중 시설 · 장비(칼, 가스레인지 등) 사용 시 감독위원 및 타수험자의 시험진행에 위협이 될 것으로 감독위원 전원이 합의하여 판단한 경우 : 실격
7. 항목별 배점은 위생상태 및 안전관리 5점, 조리기술 30점, 작품의 평가 15점이다.

만드는 방법

1 닭은 뼈와 껍질을 제거하고 살을 발라내 2cm로 썰어두고 소금, 후추를 뿌려준다.

2 뼈는 칼집을 넣고 끓는 물에 넣어서 닭 육수를 만든다.

3 피망과, 양파는 양송이와 함께 1.8cm 정도로 썰어 준비한다.

4 밀가루와 버터를 1:1로 섞어 화이트 루를 만들어 닭 육수를 넣어 벨루테(Veloute)를 만든 다음 정향과 월계수잎을 넣고 끓여 고운체에 걸른다.

5 소스 팬에 버터를 두루고 야채를 볶다가 닭고기를 넣고 색이 나지 않게 다시 한번 살짝 볶은 다음 닭 벨루테를 넣고 서서히 끓여 익힌다.
고기가 익으면 우유를 넣고, 농도와 색을 맞추어 소금, 후추 간을 하고 마무리한다.
접시에 담을 때 채소의 색 혼합이 잘 이루어지도록 한다.

* 루를 이용한 소스이므로 농도에 주의를 한다.

오렌지 소스를 곁들인 오리가슴살구이

ROAST DUCK BREAST WITH ORANGE SAUCE

지급재료

오리가슴살(Duck breast) 1개, **홀마늘(Garlic whole)** 1개, **오렌지주스(Orange juice)** 200ml, **레몬주스(Lemon juice)** 5ml, **설탕(Sugar)** 20g, **오렌지(Orange fresh)** 1/2개, **브라운소스(Brown sauce)** 30g, **버터(Butter)** 20g, **생크림(Fresh cream)** 30g, **그랜드마니에(Grandmanie)** 5ml, **시금치(Spinach)** 80g, **올리브오일(Olive oil)** 100ml, **감자(Potato)** 1개, **처빌(Chervil leaf)** 1잎

Orange confit

오렌지제스트(Orange zest) 15g, **오렌지주스(Orange juice)** 70ml, **설탕(Sugar)** 30ml, **물(Water)** 30ml

NOTES

만드는 방법

1 오리 가슴살을 껍질 쪽에 칼집을 넣어 팬에서 천천히 굽는다.
2 홀 마늘에 올리브 오일을 넣고 오븐에서 통째로 굽는다.
3 감자를 통째로 다듬어 깍아 버터와 육수를 이용하여 폰당 감자를 만든다.
4 시금치를 올리브 오일에 볶아 준다.
5 오렌지 쥬스, 설탕에 오렌지 껍질로 오렌지 콘비(Confit)를 만든다.
6 버터, 오렌지 쥬스, 레몬 쥬스, 설탕, 그랜드마니에, 브라운소스를 이용 오렌지 소스를 만들어 준비한다.
7 폰당 감자를 접시의 가운데 놓고 시금치와 구운 마늘을 곁들여 구운 오리 가슴살을 가지런히 썰어 놓고 오렌지 소스를 뿌려 마무리한다.

Fondant Potato
로스트 팬에 샤토 보다는 약간 크고 굵게 만들어 버터와 스톡을 넣고 오븐에서 익히는 감자요리 방법으로 육류나 가금요리에 주로 사용한다.

닭가슴살 코르동블루
CHICKEN BREAST CORDON BLUE

지급재료

닭가슴살(Chicken breast) 120g, **슬라이스 햄(Slice ham)** 30g, **슬라이스 치즈(Slice cheese)** 30g, **달걀(Egg)** 2개, **양송이(Mushroom button)** 60g, **밀가루(Flour)** 100g, **빵가루(Bread crum)** 100g, **적채(Red cabbage)**120g, **양파(Onion)** 50g, **설탕(Sugar)** 30g, **적포도주(Red wine)** 50g, **식초(Vinegar)** 30ml, **월계수잎(Bay leaf)** 1잎, **오렌지 마멀레이드(Orange marmalade)** 20g, **레몬(Lemon)** 1/4개

NOTES

만드는 방법

1. 닭가슴살의 껍질을 제거하고 스테이크 망치를 이용하여 비닐을 깔고 넓게 펼친 후 소금, 후추를 한다.
2. 양송이를 슬라이스한다.
3. 펼쳐진 닭가슴 살에 햄, 치즈, 양송이를 넣고 네모나게 틈이 없도록 감싼 후 밀가루, 달걀 물, 빵가루를 입혀 모양을 잡는다.
4. 팬에 식용유를 160~180℃의 온도에서 양면이 익도록 골든 색이 되도록 익힌다.
5. 적채를 썰어서 양파와 함께 볶고 레드와인을 넣어 졸여준다. 설탕, 식초, 오렌지 잼을 넣어 새콤달콤한 맛을 내어 골든블루(Cordon Blue)와 함께 곁들여 준비한다.

#.닭고기의 모양형태를 잡을 때 요리과정에서 뜨거운 기름 열에 의해 치즈가 녹아 밖으로 흐르지 않도록 틈새 없이 마무리를 잘 하도록 한다.

Ⅷ. 양식 파스타조리

분류번호 1301010209_14v2

능력단위 명칭 양식 파스타조리

능력단위 정의 양식 파스타조리는 파스타와 어패류·육류·채소류·유제품류·가공 식품류를 활용하여 파스타와 곁들여지는 소스를 조리하는 능력이다.

능력단위요소	수행준거
1301010209_14v2.1 파스타재료 준비하기	1.1 파스타 재료를 계량하여 손으로 반죽할 수 있다. 1.2 원하는 모양으로 만든 면발이 서로 엉겨붙지 않도록 처리할 수 있다. 1.3 파스타에 필요한 부재료, 소스 재료를 준비할 수 있다. 1.4 파스타 조리에 필요한 주방도구(Kitchen Utensil)를 준비할 수 있다.
	【지 식】 •밀가루 종류 •생면 파스타 면기 사용법 •생면 파스타 제조법 •주재료 용도별 칼, 도마 사용법 •파스타에 필요한 부재료, 소스 •파스타의 종류와 특징
	【기 술】 •가스레인지 조작 능력 •냉장, 냉동고 관리 능력 •메뉴에 따른 파스타 만드는 능력 •부재료, 소스를 만들 수 있는 능력 •오븐 조작 능력 •파스타 반죽 능력

능력단위요소	수행준거
1301010209_14v2.2 파스타 조리하기	2.1 면의 종류에 따라 끓는 물에 삶아낼 수 있다. 2.2 속을 채운 파스타의 경우, 터지지 않게 삶을 수 있다. 2.3 삶아 익힌 면은 물기를 제거한 후 달라붙지 않게 조리할 수 있다. 2.4 파스타의 종류에 따라 부재료와 소스를 선택하여 조리할 수 있다.
	【지 식】 • 메뉴에 따른 부재료, 소스 선택법 • 삶아 익힌 면의 처리법 • 속을 채운 파스타 • 파스타 조리법
	【기 술】 • 가스레인지 화력 조작과 시간조절 능력 • 냉장, 냉동고 관리 능력 • 메뉴에 따른 부재료, 소스를 조리할 수 있는 능력 • 삶아 익힌 면을 적절하게 처리할 수 있는 능력 • 속을 채운 파스타 조리 능력 • 적정한 상태의 파스타조리 능력
1301010209_14v2.3 파스타요리 완성하기	3.1 일인분의 양을 조절하여 제공할 수 있다. 3.2 주재료에 어울리는 가니시(Garnish)를 제공할 수 있다. 3.3 파스타 종류에 알맞은 그릇에 담아 제공할 수 있다. 3.4 마무리된 음식의 색깔과 맛, 풍미, 온도를 통해 음식의 품질을 평가할 수 있다.
	【지 식】 • 메뉴에 따른 양 조절법 • 메뉴에 따른 파스타조리법 • 부재료 선택법 • 완성된 요리를 담는 푸드 스타일 방법 • 지정 된 색, 맛, 풍미, 온도를 유지하는 방법
	【기 술】 • 곁들임 선택, 조리 능력 • 냉장, 냉동고 관리 능력 • 색깔과 맛, 풍미, 온도를 고려한 제공 능력 • 파스타에 따른 그릇 선택 능력 • 파스타의 양, 색, 맛을 좋은 품질로 만드는 능력

스파게티 카르보나라
SPAGHETTI CABONARA

30 min
시험시간

지급재료

스파게티면(Spaghetti) 80g, 올리브오일(Olive oil) 20ml, 버터(Butter) 20g, 생크림(Fresh cream) 180ml, 베이컨(Bacon_15~20 cm) 2개, 달걀(Egg) 2개, 파마산치즈가루(Parmesan cheese powder) 10g, 파슬리(Parsley) 1줄기, 소금(Salt) 5g, 검은통후추(Black pepper whole) 5개, 식용유(Salad oil) 20ml

요구사항

※ 주어진 재료를 사용하여 다음과 같이 스파게티 카르보나라를 만드시오.

1. 스파게티 면은 al dante(알 단테)로 삶아서 사용하시오.
2. 파슬리는 다지고 통후추는 곱게 으깨서 사용하시오.
3. 베이컨은 1cm 정도 크기로 썰어 으깬 통후추와 볶아서 향이 잘 우러나게 하시오.
4. 생크림은 달걀노른자를 이용한 리에종(Liaison)과 소스에 사용하시오.

수험자 유의사항

1. 크림에 리에종을 넣어 소스 농도를 잘 조절하며, 소스가 분리되지 않도록 한다.
2. 조리작품 만드는 순서는 틀리지 않게 하여야 한다.
3. 숙련된 기능으로 맛을 내야하므로 조리작업시 음식의 맛을 보지 않는다.
4. 지정된 수험자지참준비물 이외의 조리기구나 재료를 시험장 내에 지참할 수 없다.
5. 지급재료는 시험 전 확인하여 이상이 있을 경우 시험위원으로부터 조치를 받고 시험도중에는 재료의 교환 및 추가지급은 하지 않는다.
6. 다음과 같은 경우에는 채점대상에서 제외한다.
   - 시험시간 내에 과제 두 가지를 제출하지 못한 경우 : 미완성
   - 시험시간 내에 제출된 과제라도 다음과 같은 경우
   1) 문제의 요구사항대로 작품의 수량이 만들어지지 않은 경우 : 미완성
   2) 해당과제의 지급재료 이외의 재료를 사용한 경우 : 오작
   3) 구이를 찜으로 조리하는 등과 같이 조리방법을 다르게 한 경우 : 오작
   4) 불을 사용하여 만든 조리작품이 작품특성을 벗어나는 정도로 타거나 익지 않은 경우 : 실격
   5) 가스레인지 화구 2개 이상 사용한 경우 : 실격
   6) 시험 중 시설 · 장비(칼, 가스레인지 등) 사용 시 감독위원 및 타수험자의 시험진행에 위협이 될 것으로 감독위원 전원이 합의하여 판단한 경우 : 실격
7. 항목별 배점은 위생상태 및 안전관리 5점, 조리기술 30점, 작품의 평가 15점이다.

TIPS

- 리에종을 할 때 화력이 너무 강하면 난황이 익어서 덩어리지기 때문에 약불이나 불을 바로 끄면서 리에종을 할 수 있도록 한다.
- 크림을 이용한 소스의 농도는 완성한 후 바로 농도가 되직하게 되므로 다른 소스보다 약간 묽은 상태의 농도로 맞추어 접시에 담는다.

만드는 방법

1 파슬리를 싱싱하게 하기 위해 찬물에 담근다.

2 냄비에 물을 끓여 소금을 넣고 스파게티면을 넣어 7분정도 삶아 알단테(al dante)정도로 삶아준다. 면은 올리브 오일에 버무려 식힌다.

3 베이컨을 1cm 크기로 썬다. 통후추는 칼의 등을 이용하여 으깬다. 파세리는 줄기를 제거하고 다져서 면보를 이용하여 물기를 제거하여 파슬리가루를 만든다.

4 리에종 만들기 : 난황과 휘핑크림을 1:3의 비율로 섞어 준비한다.

5 팬에 버터를 두르고 베이컨을 넣고 갈색이 나도록 충분히 볶은 후 으깬 후추를 넣고 향이 우러나도록 볶는다.
삶은 면을 같이 볶다가 소스용 휘핑크림을 넣고 약불로 조절하여 준비해 둔 리에종을 넣고 소스의 농도을 조절하고 소금 간을 한다.

6 접시에 담고 파메산 치즈가루와 파세리 가루를 뿌려 완성을 한다.

소고기 소스를 곁들인 라자니아
LASAGNE WITH MEAT SAUCE

지급재료

라자니아면(Lasagna pasta) 4개, **베샤멜소스**(Bechamel sauce) 100g,
이탈리안 미트소스(Italian meat sauce) 160g,
모짜렐라치즈(Mozzarella cheese) 100g, **파메산치즈**(Parmesan cheese) 60g

NOTES

만드는 방법

1 라자니아 면을 알덴테(Aldante)로 삶아 건져 놓는다.
2 소고기를 이용 미트소스를 만든다.
3 라자니아 볼에 베샤멜을 바르고, 라쟈니아 도우를 한 장 놓고 다시 베샤멜과 미트소스를 바르고 파메산 치즈를 뿌린다. 두번 더 반복하여 놓는다.
4 맨 위에 베샤멜을 바르고 미트소스로 모양을 내고 모자렐라 치즈를 뿌려 170~180℃ 오븐에서 15분정도 굽는다.
5 파세리와 다진 것과 파메산 치즈를 뿌려 마무리한다.

해산물과 토마토 소스를 곁들인 스파게티

SPAGHETTI WITH SEAFOOD AND TOMATO SAUCE

지급재료

스파게티면(Spaghetti noodle) 70g, 캔토마토(Tomato whole) 300g, 마늘(Garlic) 3쪽, 양파(Onion) 1/2개, 바질(Basil leaf) 4잎, 파슬리(Parsley) 1줄기, 방울토마토(Cherry tomato) 2개, 올리브오일(Olive oil) 40ml, 새우(Shrimp_껍질있는 것) 3마리, 오징어(Squid_몸통) 50g, 모시조개(Clam) 3개, 관자살(Scallop) 1개, 백포도주(White wine) 20ml, 소금(Salt) 5g, 흰후춧가루(White pepper) 5g, 식용유(Salad oil) 20ml

요구사항

※ 주어진 재료를 사용하여 다음과 같이 토마토소스 해산물 스파게티를 만드시오.

1. 스파게티 면을 al dante(알 단테)로 삶아서 사용하시오. - 7min
2. 조개는 껍질째, 새우는 껍질을 벗겨 내장을 제거하고, 관자살은 편으로 썰고, 오징어는 0.8 cm×5cm 정도 크기로 썰어 사용하시오.
3. 해산물은 화이트와인을 사용하여 조리하고, 마늘과 양파는 해산물 조리와 토마토소스 조리에 나누어 사용하시오.
4. 바질을 넣은 토마토소스를 만들어 사용하시오.
5. 스파게티는 토마토소스에 버무리고 다진 파슬리와 슬라이스 한 바질을 넣어 완성하시오.

수험자 유의사항

1. 토마토소스는 자작한 농도로 만들어야 한다.
2. 스파게티는 토마토소스와 잘 어우러지도록 한다.
3. 조리작품 만드는 순서는 틀리지 않게 하여야 한다.
4. 숙련된 기능으로 맛을 내야하므로 조리작업시 음식의 맛을 보지 않는다.
5. 지정된 수험자지참준비물 이외의 조리기구나 재료를 시험장 내에 지참할 수 없다.
6. 지급재료는 시험 전 확인하여 이상이 있을 경우 시험위원으로부터 조치를 받고 시험도중에는 재료의 교환 및 추가지급은 하지 않는다.
7. 다음과 같은 경우에는 채점대상에서 제외한다.
   - 시험시간 내에 과제 두 가지를 제출하지 못한 경우 : 미완성
   - 시험시간 내에 제출된 과제라도 다음과 같은 경우
   1) 문제의 요구사항대로 작품의 수량이 만들어지지 않은 경우 : 미완성
   2) 해당과제의 지급재료 이외의 재료를 사용한 경우 : 오작
   3) 구이를 찜으로 조리하는 등과 같이 조리방법을 다르게 한 경우 : 오작
   4) 불을 사용하여 만든 조리작품이 작품특성을 벗어나는 정도로 타거나 익지 않은 경우 : 실격
   5) 가스레인지 화구 2개 이상 사용한 경우 : 실격
   6) 시험 중 시설 · 장비(칼, 가스레인지 등) 사용 시 감독위원 및 타수험자의 시험진행에 위협이 될 것으로 감독위원 전원이 합의하여 판단한 경우 : 실격
8. 항목별 배점은 위생상태 및 안전관리 5점, 조리기술 30점, 작품의 평가 15점이다.

만드는 방법

1. 파슬리는 찬물에 살려 다진다.
2. 양파, 마늘을 다지고 토마토 홀을 으깬다. 마늘과 양파는 해산물 조리와 토마토 소스 조리에 나누어 사용한다.
3. 방울 토마토는 6등분하여 썰어 준비한다.
4. 펜에 올리브 오일을 다진 마늘, 양파를 넣고 볶은 후 으깬 토마토를 넣고 끓인다. 바질과 소금, 후추 간을 하고 농도를 맞춘다.
5. 새우는 껍질을 제거하고 내장을 제거한다. 오징어는 껍질을 제거 한 후 0.8cm×5cm 정도 크기로 썰어준다. 관자살은 편으로 썰어서 준비한다.
6. 끓는 물에 식용유와 소금 간을 하여 스파게티면을 알단테로 삶아 올리브 오일에 버무려 식힌다.
7. 팬에 올리브 오일을 이용 다진 마늘과 양파를 넣고 볶은 후 소금과 후추, 화이트 와인을 이용 플랑베(Flambee)를 하여 와인 향을 제거하면서 신맛을 없앤다.
8. ⑦의 팬에 토마토 소스를 넣고 삶은 스파게티 면을 넣고 파슬리 다진 것과 바질 슬라이스를 넣고 후추간을 하여 완성한다.
9. 포크나 젓가락을 이용하여 해산물과 소스를 중심으로 말아서 보기 좋게 접시의 중심에 담는다.

리코타치즈 카넬로니
RICCOTTA CHEESE CANNELONI

지급재료

카넬로니 도우(Cannelion dough) 100g, 토마토소스(Tomato sauce) 120g, 베샤멜 소스(Bechamel sauce) 100ml, 피자치즈(Pizza cheese) 60g, 시금치(Spinach) 100g, 베이컨(Bacon) 60g, 리코타치즈(Ricotta cheese) 100g

NOTES

만드는 방법

1 카넬로니 도우를 삶아 물기를 제거한다.
2 토마토 소스를 준비한다.
3 베샤멜 소스를 준비한다.
4 시금치를 데쳐 준비하여 베이컨을 썰어서 같이 볶아준다.
볶은 시금치를 살짝 식힌 후 치즈와 함께 섞는다.
5 카넬로니 도우에 시금치와 치즈 섞은 것을 넣고 말아준다.
그라탕 볼에 토마토 소스를 깔고 카넬로니 말은 것을 놓고 베샤멜 소스를 올린 후 치즈를 올려 오븐에서 굽는다.

치즈 만들기

Milk 1L, **Lemon** 1ea, **Salt** 10gr, **Pepper** 3gr, **Vinegarr** 50gr

- 소금 후추를 넣고 우유를 끓인다.
- 우유가 끓기 시작하면 식초와 레몬을 넣고 불을 줄여 우유의 단백질이 응고되면 소창을 이용하여 걸러 수분을 제거하면 치즈가 만들어진다.

#.**리코타 치즈에 대해**
이탈리아산 소젖 또는 양젖을 원료로 한 숙성시키지 않은 연질치즈, 지방 함량은 20~30%로 비교적 적은 편으로 용도로는 라비올리, 카넬로니, 디저트용으로 사용한다.

IX. 양식 달걀조리

분류번호 1301010210_14v2

능력단위 명칭 양식 달걀조리

능력단위 정의 양식 달걀조리는 어패류·육류·채소류·유제품류·가공식품류를 활용하여 조식 등에 사용되는 각종 달걀요리를 조리하는 능력이다.

능력단위요소	수행준거
1301010210_14v2.1 달걀재료 준비하기	1.1 신선한 달걀을 선택할 수 있다. 1.2 달걀은 서니 사이드 업(Sunny Side Up), 오버 이지(Over Easy), 오버 미디엄(Over Medium), 오버 하드(Over Hard)로 구분하여 준비할 수 있다. 1.3 재료를 원하는 달걀요리의 용도에 맞게 준비할 수 있다. 1.4 달걀조리에 필요한 주방도구(Kitchen Utensil)를 준비할 수 있다.
	【지 식】 • 달걀의 특성 • 주재료 용도별 칼, 도마 사용법
	【기 술】 • 가스레인지, 오븐 조작능력 • 냉장, 냉동고 관리 능력 • 부재료를 용도에 맞게 준비할 수 있는 능력 • 신선한 달걀 선별 능력

능력단위요소	수행준거
1301010210_14v2.2 달걀요리 조리하기	2.1 달걀은 서니 사이드 업(Sunny Side Up), 오버 이지(Over Easy), 오버 미디엄(Over Medium), 오버 하드(Over Hard)로 구분하여 조리할 수 있다. 2.2 레시피에 따라 껍질의 형상을 유지한 채로 조리할 수 있다. 2.3 오믈렛(Omelet)은 부재료를 사용하여 럭비공 모양으로 조리할 수 있다. (오믈렛 부재료 : 어패류·육류·채소류·유제품류·가공식품류)
	【지 식】 •달걀의 특성과 용도 •메뉴에 따른 달걀조리 방법 •부재료의 특징
	【기 술】 •냉장, 냉동고 관리 능력 •부재료를 조리할 수 있는 능력 •오믈렛 조리 시 속재료 넣어 터지지 않게 하는 능력 •적정한 상태로 달걀조리할 수 있는 능력
1301010210_14v2.3 달걀요리 완성하기	3.1 메뉴구성에 따라 양과 제공형태를 조절하여 완성할 수 있다. 3.2 메뉴의 조리법에 따라 알맞은 부재료를 사용하여 완성할 수 있다. 3.3 삶은 달걀(Boiled Egg)인 경우 에그 스탠드(Egg Stand)에 담아 제공할 수 있다. 3.4 마무리된 음식의 색깔과 맛, 풍미, 온도를 통해 음식의 품질을 평가할 수 있다.
	【지 식】 •메뉴에 따른 달걀조리법 •메뉴의 맛과 풍미를 이끌어내는 부재료 선택법 •제공기물 선택법 •지정된 색, 맛, 풍미, 온도 유지방법
	【기 술】 •메뉴에 따라 달걀을 조리할 수 있는 능력 •부재료를 활용할 수 있는 능력 •제공기물을 선택할 수 있는 능력 •지정된 색, 맛, 풍미, 온도 유지 능력

치즈 오믈렛
CHEESE OMELET

20 min
시험시간

지급재료

달걀(Egg) 3개, 치즈(Cheese) 1장, 버터(Butter) 30g, 식용유(Salad Oil) 20ml, 생크림(Fresh Cream) 20g, 소금(Salt) 2g

요구사항

※주어진 재료를 사용하여 다음과 같이 치즈 오믈렛을 만드시오.

1. 치즈는 사방 0.5cm 정도로 자르시오.
2. 치즈가 들어가 있는 것을 알 수 있도록 하고, 익지 않은 달걀이 흐르지 않도록 만드시오.
3. 나무젓가락과 팬을 이용하여 타원형으로 만드시오.

수험자 유의사항

1. 익힌 오믈렛이 갈라지거나 굳어지지 않도록 유의한다.
2. 오믈렛에서 익지 않은 달걀이 흐르지 않도록 유의한다.
3. 조리작품 만드는 순서는 틀리지 않게 하여야 한다.
4. 숙련된 기능으로 맛을 내야하므로 조리작업시 음식의 맛을 보지 않는다.
5. 지정된 수험자지참준비물 이외의 조리기구나 재료를 시험장 내에 지참할 수 없다.
6. 지급재료는 시험 전 확인하여 이상이 있을 경우 시험위원으로부터 조치를 받고 시험도중에는 재료의 교환 및 추가지급은 하지 않는다.
7. 다음과 같은 경우에는 채점대상에서 제외한다.
   - 시험시간 내에 과제 두 가지를 제출하지 못한 경우 : 미완성
   - 시험시간 내에 제출된 과제라도 다음과 같은 경우
   1) 문제의 요구사항대로 작품의 수량이 만들어지지 않은 경우 : 미완성
   2) 해당과제의 지급재료 이외의 재료를 사용한 경우 : 오작
   3) 구이를 찜으로 조리하는 등과 같이 조리방법을 다르게 한 경우 : 오작
   4) 불을 사용하여 만든 조리작품이 작품특성을 벗어나는 정도로 타거나 익지 않은 경우 : 실격
   5) 가스레인지 화구 2개 이상 사용한 경우 : 실격
   6) 시험 중 시설 · 장비(칼, 가스레인지 등) 사용 시 감독위원 및 타수험자의 시험진행에 위협이 될 것으로 감독위원 전원이 합의하여 판단한 경우 : 실격
8. 항목별 배점은 위생상태 및 안전관리 5점, 조리기술 30점, 작품의 평가 15점이다.

만드는 방법

1 달걀을 거품기로 잘 섞어 풀은 후 체에 걸른다.

2 슬라이스 치즈를 0.5cm 크기로 잘라준다.

3 달구어진 프라이팬에 기름을 두르고 나무젓가락을 이용하여 스크램블을 만드는 방식으로 저어주다가 생크림을 넣고 반숙 정도 익을 때쯤 프라이팬의 앞쪽으로 모아 모양을 만들어 안에 치즈를 넣고 타지 않게 약불에서 가볍게 치면서 타원 모양의 오믈렛을 만든다.

스패니시 오믈렛
SPANISH OMELET

30 min
시험시간

지급재료

토마토(Tomato) 1/4개, **양파(Onion)** 1/6개, **청피망(Green Pimento)** 1/6개, **양송이(Mushroom)** 10g, **베이컨(Bacon)** 1/2개, **토마토케찹(Tomato Ketchup)** 20g, **검은후춧가루(Black Pepper Powder)** 2g, **소금(Salt)** 5g, **달걀(Egg)** 3개, **식용유(Salad Oil)** 20ml, **버터(Butter)** 20g, **생크림(Fresh Cream)** 20g

요구사항

※주어진 재료를 사용하여 다음과 같이 스패니시 오믈렛 소를 만드시오.

1. 토마토, 양파, 피망, 양송이, 베이컨은 0.5cm 정도의 크기로 썰어 오믈렛을 만드시오.
2. 소가 흘러나오지 않도록 하시오.
3. 소를 넣어 나무젓가락과 팬을 이용하여 타원형을 만드시오.

수험자 유의사항

1. 내용물이 고루 들어가고 터지지 않도록 유의한다.
2. 오믈렛을 만들 때 타거나 단단해지지 않도록 한다.
3. 조리작품 만드는 순서는 틀리지 않게 하여야 한다.
4. 숙련된 기능으로 맛을 내야하므로 조리 작업 시 음식의 맛을 보지 않는다.
5. 지정된 수험자지참준비물 이외의 조리기구나 재료를 시험장 내에 지참할 수 없다.
6. 지급재료는 시험 전 확인하여 이상이 있을 경우 시험위원으로부터 조치를 받고 시험도중에는 재료의 교환 및 추가지급은 하지 않는다.
7. 다음과 같은 경우에는 채점대상에서 제외한다.
   - 시험시간 내에 과제 두 가지를 제출하지 못한 경우 : 미완성
   - 시험시간 내에 제출된 과제라도 다음과 같은 경우
   1) 문제의 요구사항대로 작품의 수량이 만들어지지 않은 경우 : 미완성
   2) 해당과제의 지급재료 이외의 재료를 사용한 경우 : 오작
   3) 구이를 찜으로 조리하는 등과 같이 조리방법을 다르게 한 경우 : 오작
   4) 불을 사용하여 만든 조리작품이 작품특성을 벗어나는 정도로 타거나 익지 않은 경우 : 실격
   5) 가스레인지 화구 2개 이상 사용한 경우 : 실격
   6) 시험 중 시설 · 장비(칼, 가스레인지 등) 사용 시 감독위원 및 타수험자의 시험진행에 위협이 될 것으로 감독위원 전원이 합의하여 판단한 경우 : 실격
8. 항목별 배점은 위생상태 및 안전관리 5점, 조리기술 30점, 작품의 평가 15점이다.

만드는 방법

1 토마토를 끓는 물에 데쳐 찬물에 담근 후 껍질과 씨를 제거하고 0.5cm로 썰어 놓는다.

2 양파, 피망, 버섯, 베이컨을 0.5cm 크기로 썰어 준다.

3 베이컨을 볶다가 기름이 나오면 기름을 제거하고 양파, 피망, 버섯, 토마토, 소금, 후추를 넣고 볶다가 토마토 케첩(또는 토마토 페스트)을 넣어 물기가 없어질 때까지 졸인다.

4 달구어진 프라이팬에 기름을 두르고 나무 젓가락을 이용 스크램블을 만드는 방식으로 저어주다가 생크림을 넣고 반숙 정도 익을 때쯤 프라이팬의 앞쪽으로 모아 모양을 만들어 토마토와 함께 볶아 놓은 재료들을 넣고 타지 않게 약불에서 가볍게 치면서 타원 모양의 오믈렛을 만든다.

* 오믈렛(Omelet)은 곱고 부드러워야하며 내용물이 너무 많으면 오믈렛(Omelet)이 새거나 터질 수가 있다.
* **토마토 껍질 벗기기**
  토마토에 +자로 칼집 낸 후 뜨거운 물에 살짝 데쳐 찬물에 살짝 담가 껍질을 벗긴다.
  그 후에 chop한다. 이것을 Tomato Concase라고 한다.

에그 베네딕틴
EGG BENEDICTINE

20 min
시험시간

지급재료

시금치(Spinach) 100g, 햄(Ham) 60g, 달걀(Egg) 2개,
잉글리쉬머핀(English muffin) 2개, 식초(Vinegar) 50ml, 소금(Salt) 30g,
물(Water) 1000ml, 홀랜다이즈소스(Hollandaise sauce) 60g

NOTES

만드는 방법

1 시금치를 질긴 줄기 부분을 제외하고 잎 부분을 다듬어 끓는 물에 소금을 넣고 데치고 베이컨을 얇게 썰어 준비한다.

2 시금치 잎을 베이컨과 함께 볶아 준비한다.

3 홀렌다이즈 소스를 만든다.

4 소금과 식초를 넣어 물을 끓여 90℃ 정도로 유지시켜 달걀을 넣어 3~4분 포칭을 하여 수란을 만든다.

5 잉글리시 머핀(또는 소프트롤빵)을 반을 자른 후 굽는다.
구운 빵 위에 시금치와 베이컨 볶은 것을 올리고 수란을 올린 다음 홀렌다이즈 소스를 곁들인다.

스터프드 에그
STUFFED EGG

30 min
시험시간

지급재료

달걀(Egg) 2개, 마요네즈(Mayonnaise) 10g, Mustard 3g, 파슬리(Parsley) 1줄기, 셀러리(Celery) 30g, 햄(Ham) 10g, 양상추(Lettuce Leaf) 1잎, 소금(Salt) 2g, 흰후춧가루(White pepper powder) 2g

요구사항

※주어진 재료를 사용하여 다음과 같이 스터프드 에그를 만드시오.

1. 계란의 노른자가 중앙에 오도록 삶으시오.
2. 햄과 샐러리는 다져 쓰시오.
3. 완성품은 길이를 2등분하여 4개 제시하시오. (즉, 직경이 짧은 쪽으로 2등분한다)

수험자 유의사항

1. 달걀을 변색되지 않도록 완숙시킨다.
2. 조리작품 만드는 순서는 틀리지 않게 하여야 한다.
3. 숙련된 기능으로 맛을 내야하므로 조리 작업시 음식의 맛을 보지 않는다.
4. 지급재료는 시험 전 확인하여 이상이 있을 경우 시험위원으로부터 조치를 받고 시험도중에는 재료의 교환 및 추가지급은 하지 않는다.
5. 다음과 같은 경우에는 채점대상에서 제외한다.
   - 시험시간 내에 과제 두 가지를 제출하지 못한 경우 : 미완성
   - 시험시간 내에 제출된 과제라도 다음과 같은 경우
   1) 문제의 요구사항대로 작품의 수량이 만들어지지 않은 경우 : 미완성
   2) 해당과제의 지급재료 이외의 재료를 사용한 경우 : 오작
   3) 구이를 찜으로 조리하는 등과 같이 조리방법을 다르게 한 경우 : 오작
   4) 불을 사용하여 만든 조리작품이 작품특성을 벗어나는 정도로 타거나 익지 않은 경우 : 실격
   5) 가스레인지 화구 2개 이상 사용한 경우 : 실격
   6) 시험 중 시설 · 장비(칼, 가스레인지 등) 사용 시 감독위원 및 타수험자의 시험진행에 위협이 될 것으로 감독위원 전원이 합의하여 판단한 경우 : 실격
6. 항목별 배점은 위생상태 및 안전관리 5점, 조리기술 30점, 작품의 평가 15점이다.

만드는 방법

1 달걀을 소금을 넣고 완숙이 되도록 삶는다.
노른자의 위치가 한쪽으로 쏠리지 않고 중앙에 올 수 있도록 굴려가면서 익혀낸다.

2 달걀을 절단기(Egg Cutter)나 칼을 이용하여 직경이 짧은 쪽으로 2등분한다.
칼로 자를 때는 꾹 누르지 않고 흔들면서 반으로 자른다.

3 셀러리는 껍질을 벗겨 햄하고 같이 곱게 다진다.

4 노른자를 빼내고 체에 걸러 햄, 마요네즈를 적당히 넣고 소금, 후추, 양겨자를 넣고 섞어 짤 주머니에 넣는다.

5 자른 흰자의 물기를 제거하고 밑부분을 잘라 세우고 양상추를 깔고 계란 혼합물을 나선형으로 보기 좋게 짜 넣는다.

6 파슬리를 잘게 뜯어 장식을 해준다.

* **달걀 삶기**
물 1리터에 소금 5그램을 넣고 삶는다.
달걀의 크기에 따라 차이는 있지만 끓는 물에 3~4분 Soft Egg, 5~7분 Medium Egg, 11~13분 Hard Egg로 크게 구분한다.

X. 샌드위치

B.L.T 샌드위치

BACON, LETTUCE, TOMATO SANDWICH

30 min
시험시간

지급재료

식빵(Toast Bread) 3조각, **베이컨**(Bacon) 2조각, **양상추**(Lettuce leaf) 20g, **토마토**(Tomato) 1/2개, **마요네즈**(Mayonnaise)30g, **소금**(Salt) 3g, **검은후춧가루**(Black Pepper Ground) 1g

요구사항

※ 주어진 재료를 사용하여 다음과 같이 베이컨, 레터스, 토마토 샌드위치를 만드시오.

1. 빵은 구워서 사용하시오.
2. 토마토는 0.5cm 정도의 두께로 썰고, 베이컨은 구워서 사용하시오.
3. 완성품은 4조각으로 썰어 전량 제출하시오.

수험자 유의사항

1. 베이컨의 굽는 정도와 기름 제거에 유의한다.
2. 샌드위치의 모양이 나빠지지 않도록 썰 때 유의한다.
3. 조리작품 만드는 순서는 틀리지 않게 하여야 한다.
4. 숙련된 기능으로 맛을 내야하므로 조리작업시 음식의 맛을 보지 않는다.
5. 지정된 수험자지참준비물 이외의 조리기구나 재료를 시험장 내에 지참할 수 없다.
6. 지급재료는 시험 전 확인하여 이상이 있을 경우 시험위원으로부터 조치를 받고 시험도중에는 재료의 교환 및 추가지급은 하지 않는다.
7. 다음과 같은 경우에는 채점대상에서 제외한다.
   - 시험시간 내에 과제 두 가지를 제출하지 못한 경우 : 미완성
   - 시험시간 내에 제출된 과제라도 다음과 같은 경우
   1) 문제의 요구사항대로 작품의 수량이 만들어지지 않은 경우 : 미완성
   2) 해당과제의 지급재료 이외의 재료를 사용한 경우 : 오작
   3) 구이를 찜으로 조리하는 등과 같이 조리방법을 다르게 한 경우 : 오작
   4) 불을 사용하여 만든 조리작품이 작품특성을 벗어나는 정도로 타거나 익지 않은 경우 : 실격
   5) 가스레인지 화구 2개 이상 사용한 경우 : 실격
   6) 시험 중 시설 · 장비(칼, 가스레인지 등) 사용 시 감독위원 및 타수험자의 시험진행에 위협이 될 것으로 감독위원 전원이 합의하여 판단한 경우 : 실격
8. 항목별 배점은 위생상태 및 안전관리 5점, 조리기술 30점, 작품의 평가 15점이다.

만드는 방법

1. 베이컨을 프라이 팬에 구워 흡수지를 사용하여 기름을 제거한다.
2. 토마토는 둥글게 0.5cm 두께로 슬라이스 한다.
3. 양상추는 깨끗이 씻어서 물기 제거 후 빵에 올린 크기로 준비해둔다.
4. 빵은 프라이 팬에서 토스트 한 후 버터를 바른다.(가운데 놓을 식빵은 양쪽에 버터를 바름)
5. 빵에 양상추를 올리고 베이컨 놓고 토마토를 올리고 빵을 다시 올리고 양상추에 베이컨과 토마토를 올리고 빵으로 덮어준다.
6. 빵의 가장자리를 자르고 4등분하여 접시에 샌드위치가 흐트러지지 않도록 담는다.

* 베이컨은 덜 익히거나 딱딱하게 굽지 않도록 유의한다. 빵을 자를 때 너무 눌러 손자국이 나지 않도록 자르도록 한다.

햄버거 샌드위치
HAMBURGER SANDWICH

지급재료

소고기(Ground Beef) 100g, 양파(Onion) 1개, 빵가루(Bread Crumb) 30g, Celery 30g, 소금(Salt) 3g, 검은후춧가루(Black Pepper Ground) 2g, 양상추(Head Lettuce) 20g, 토마토(Tomato) 1/2개, 버터(Butter) 15g, 햄버거빵(Hamburger Bun) 1개, 식용유(Salad oil) 20ml, 달걀(Egg) 1개

요구사항

※ 주어진 재료를 사용하여 다음과 같이 햄버거 샌드위치를 만드시오.

1. 빵은 버터를 발라 구워서 사용하시오.
2. 고기는 미디움웰던(Medium-Wellden)으로 굽고, 구워진 고기의 두께는 1cm정도로 하시오.
3. 토마토, 양파는 0.5cm 정도의 두께로 썰고 양상추는 빵크기에 맞추시오.
4. 샌드위치는 반으로 잘라내시오.

수험자 유의사항

1. 구워진 고기가 단단해지거나 부서지지 않도록 한다.
2. 빵에 수분이 흡수되지 않도록 유의한다.
3. 조리작품 만드는 순서는 틀리지 않게 하여야 한다.
4. 숙련된 기능으로 맛을 내야하므로 조리작업시 음식의 맛을 보지 않는다.
5. 지정된 수험자지참준비물 이외의 조리기구나 재료를 시험장 내에 지참할 수 없다.
6. 지급재료는 시험 전 확인하여 이상이 있을 경우 시험위원으로부터 조치를 받고 시험도중에는 재료의 교환 및 추가지급은 하지 않는다.
7. 다음과 같은 경우에는 채점대상에서 제외한다.
   - 시험시간 내에 과제 두 가지를 제출하지 못한 경우 : 미완성
   - 시험시간 내에 제출된 과제라도 다음과 같은 경우
   1) 문제의 요구사항대로 작품의 수량이 만들어지지 않은 경우 : 미완성
   2) 해당과제의 지급재료 이외의 재료를 사용한 경우 : 오작
   3) 구이를 찜으로 조리하는 등과 같이 조리방법을 다르게 한 경우 : 오작
   4) 불을 사용하여 만든 조리작품이 작품특성을 벗어나는 정도로 타거나 익지 않은 경우 : 실격
   5) 가스레인지 화구 2개 이상 사용한 경우 : 실격
   6) 시험 중 시설 · 장비(칼, 가스레인지 등) 사용 시 감독위원 및 타수험자의 시험진행에 위협이 될 것으로 감독위원 전원이 합의하여 판단한 경우 : 실격
8. 항목별 배점은 위생상태 및 안전관리 5점, 조리기술 30점, 작품의 평가 15점이다.

만드는 방법

1. 양파와 셀러리를 다져 프라이 팬에 볶아 식혀준다.
2. 소고기, 양파, 샐러리, 후추, 소금, 빵가루, 계란을 넣고 잘 섞은 후 반죽을 하여 두께 0.7~0.8cm 두께의 원형으로 빵의 크기보다 약간 크게 만든다.
3. 햄버거 빵은 반으로 잘라 프라이 팬에서 구워 버터를 바른다.
4. 양파와 토마토는 0.5cm 두께의 원형으로 썰어 놓는다.
5. 길들여 진 팬을 이용 햄버거가 타지 않도록 중불 정도에서 굽는다.
6. 토스트 한 빵에 버터를 바르고 양상추를 깔고 햄버거를 올리고 토마토와 양파를 올리고 빵을 올려 덮는다.

* 고기의 크기와 두께는 빵의 크기보다 약간 크게 산출 되어질 두께보다 얇게 만들어야 한다.

클럽 샌드위치
CLUB SANDWICH

지급재료

토스트빵(Toast bread) 3조각, **마요네즈**(Mayonnaise) 60g,
양상추(Lettuce) 60g, **양파**(Onion) 30g, **달걀**(Egg) 1개, **베이컨**(Bacon) 60g,
어메리칸치즈(American cheese) 60g, **닭가슴살**(Chicken breast) 60g,
감자(Potato) 150g, **토마토**(Tomato) 120g, **오이피클**(Cucumber Pickle) 100g

NOTES

만드는 방법

1 닭 가슴살은 삶아 토마토와 함께 얇게 썰고, 달걀 후라이를 하고, 베이컨은 구워 살짝 펴서 준비한다.

2 빵을 토스트한 후 마요네이즈를 바르고, 양상추를 깔고 구운 베이컨, 치즈, 토마토를 얹고, 다른 빵에는 양상추, 닭고기, 달걀 후라이, 토마토를 얹어 토스트를 위에 덮어 요지를 꽂아 샌드위치가 움직이지 않도록 한 후 식빵의 테두리를 제거 하고 4조각으로 잘라 접시에 담는다.

3 샌드위치와 함께 감자를 곁들인다.

참치샌드위치
TUNA SANDWICH

지급재료

참치(Tuna) 120g, 양파(Onion) 80g, 오이피클(Cucumber pickle) 60g, 셀러리(Celery) 60g, 토마토(Tomato) 100g, 양상추(Lettuce head) 60g, 마요네즈(Mayonnaise) 50g, 감자(Potato) 200g, 호밀빵(Rye bread) 1개

NOTES

만드는 방법

1 참치 캔의 기름을 꼭 짠다.
2 양파를 다져 소금에 절여 물기를 짜고, 피클, 셀러리도 다져 참치와 함께 마요네즈로 섞는다.
3 호밀 샌드위치 빵에 양상추를 깔고 토마토를 놓고 참치 혼합한 것을 올려 준다. 빵의 뚜껑을 덮어 접시에 놓고 감자 튀긴 것을 곁들여 마무리 한다.

* 샌드위치에 곁들여지는 속은 다른 재료들로 대체가 가능하다.

XI. 디저트

오렌지를 곁들인 크레이프 수제트
CREPE SUZETTE WITH ORANGE

지급재료

Crepe dough

달걀(Egg) 1개, 물(Water) 90g, 설탕(Sugar) 30g, 소금(Salt) 1g, 밀가루(Flour) 70g, 정제버터(Melted butter) 20g

Orange sauce

버터(Butter) 30g, 오렌지주스(Orange juice) 100ml, 레몬주스(Lemon juice) 20ml, 설탕(Sugar) 30g, 그랑마니에(Grandmarnier) 10ml, 레몬제스트(Lemon zest) 5g, 계절과일(Season fruits) 150g

NOTES

만드는 방법

1 크레이프 도우를 설탕, 밀가루, 정재버터, 소금, 달걀을 넣고 반죽하여 체에 걸러 팬을 이용 크랩 도우를 얇게 만든다.

2 설탕을 팬에 둘러 은은하게 녹으면 설탕을 넣어 연한 갈색이 된 후 그랑마니에를 넣어 후람베를 하고 오렌지 주스를 넣어 졸여준다. 레몬주스와 레몬제스트를 넣어 과일을 넣고 마무리한다.

3 크레이프를 가지런히 놓고 과일을 넣어 만든 소스를 곁들여 준다.

#.**크레이프수제트의 유래에 대하여**

수제트란 말은 영국의 황태자 에드워드가 파티에서 궁궐 요리장 헨리 카펜터(Henry Carpenter)가 실수하여 급하게 응용하여 만든 크레이프 요리를 먹고 너무 맛이 진기해서 마침 파티에 참석한 수제트 여사의 마음을 사려고 그 부인의 이름을 따서 요리의 이름을 크레이프 수제트라 명명했다고 한다.

망고무스
MANGO MOUSSE

지급재료

망고퓨레(Mango pure) 300g, **젤라틴(Gelatin)** 15g, **설탕(Sugar)** 250g, **럼(Rum)** 10g, **달걀 흰자(Egg White)** 3개, **생크림(Fresh cream)** 250ml, **스펀지(Sponge)** 30g

Coating

망고퓨레(Mango pure) 50g, **물(Water)** 100g, **설탕(Sugar)** 60g, **젤라틴(Gelatine)** 7g

NOTES

만드는 방법

1 젤라틴을 찬물에 불려 놓는다.
2 생크림을 70% 정도 휘핑하고, 이탈리아 머랭을 만든다.
3 망고 퓨레에 설탕을 넣고 중탕에서 따뜻하게 데운 후 럼을 넣고 휘핑 크림과 불린 젤라틴을 넣고 섞는다.
4 스펀지를 깔고 무스 필링을 넣고 냉동에서 굳힌다. 필링이 굳으면 표면에 코팅을 입힌다.

딸기 바바루아
STRAWBERRY BAVARIAN

지급재료

달걀(Egg) 1개, **우유(Milk)** 60ml, **설탕(Sugar)** 20g, **젤라틴(Gelatine)** 8g, **생크림(Fresh cream)** 50ml, **딸기시럽(Strawberry syrup)** 3g

NOTES

만드는 방법

1 젤라틴을 찬물에 불리고 생크림을 휘핑 해 놓는다.
2 우유를 중탕으로 데워 불린 젤라틴을 넣는다.
3 달걀 노란자를 설탕과 함께 고루 섞이게 휘핑한다.
4 젤라틴을 넣은 우유에 달걀 노른자와 크림 휘핑을 천천히 섞으면서 딸기 시럽을 넣고 반죽을 완성한다.
5 몰드에 반죽을 넣고 차게 굳힌 다음 접시에 담고 과일로 장식하여 마무리 한다.

카라멜 푸딩
CARMEL PUDDING

지급재료

달걀(Egg) 1개, **우유(Milk)** 100ml, **설탕(Sugar)** 80g, **카라멜(Carmel(sugar))** 80g, **민트잎(Mint Leaf)** 1g, **딸기(Strawberry)** 20g, **생크림(Fresh Cream)** 20g

NOTES

만드는 방법

1 달걀 노른자에 설탕을 넣고 거품기로 섞는다. 우유를 데워(60℃) 계란에 서서히 부어 섞은 후 체에 곱게 기포 없이 내린다.

2 물과 설탕을 이용 가열하여 꿀엿 정도의 농도로 카라멜을 만들어 굳기 전에 푸딩컵에 2mm 정도의 두께로 넣어준다.

3 카라멜을 넣은 푸딩 몰드에 커스터드 반죽을 8부 정도 넣고 푸딩 몰드의 2/3정도의 높이까지 찬물을 붓고 165℃의 오븐에서 35분 정도 굽는다.

4 오븐에서 꺼내어 상온에서 식힌 후 냉장고에 보관했다가 접시에 담고 휘핑크림을 올려 과일과 민트 잎으로 가니쉬하여 마무리한다.

바나나 프리터
BANANA FRITTERS

지급재료

바나나(Banana) 1개, **설탕**(Sugar) 60g, **달걀**(Egg) 1개, **밀가루**(Flour) 100g, **맥주**(Beer) 50ml, **시나몬 파우더**(Cinamon powder) 5g, **민트잎**(Mint leaf) 2g, **바나나 아이스크림**(Banana ice cream) 20g, **초코시럽**(Choco syrup) 10g, **식용유**(Salad oil) 1000ml

NOTES

만드는 방법

1 바나나의 껍질을 제거하고 가로로 썰어 설탕을 뿌린다.

2 믹싱 볼에 체에 내린 밀가루와 달걀 노른자와 맥주를 이용하여 반죽을 하고 흰자를 휘핑하여 부풀게 하여 같이 섞어 튀김 반죽을 만든다.

3 기름 온도를 180℃로 하여 바나나에 반죽 옷을 입혀 튀긴다.

4 접시에 바나나 튀긴 것을 놓고 아이스크림과 함께 시럽과 시나몬 슈거파우더를 뿌려준다.

양식조리기능사 자격시험

개요

한식, 중식, 일식, 양식, 복어 조리부문에 배속되어 제공될 음식에 대한 계획을 세우고 조리할 재료를 선정, 구입, 검수하고 선정된 재료를 적정한 조리기구를 사용하여 조리업무를 수행하며 음식을 제공하는 장소에서 조리 시설 및 기구를 위생적으로 관리, 유지하고, 필요한 각종 재료를 구입, 위생학적, 영양학적으로 저장, 관리하면서 제공될 음식을 조리, 제공하기 위한 전문인력을 양성하기 위하여 자격제도로 제정하였다.

수행직무

양식조리부문에 배속되어 제공될 음식에 대한 계획을 세우고 조리할 재료를 선정, 구입, 검수하고 선정된 재료를 적절한 조리기구를 사용하여 조리업무를 수행한다. 또한 음식을 제공하는 장소에서 조리시설 및 기구를 위생적으로 관리, 유지하고, 필요한 각종 재료를 구입, 위생학적, 영양학적으로 저장, 관리하면서 제공될 음식을 조리하여 제공하는 직종이다.

진로 및 전망

- 호텔을 비롯한 관광업소와 일반요식업소 및 기업체, 학교, 병원 등의 단체급식소와 자영업 경영을 한다.
- 업체 간, 지역 간의 이동이 많은 편이고 고용과 임금에 있어서 안정적이지는 못한 편이지만, 조리에 대한 전문가로 인정받게 되면 높은 수익과 직업적 안정성을 보장받게 된다.
- 식품위생법상 집단급식소와 복어조리업, 허가면적 120㎡ 이상인 식품접객 업자는 조리사자격을 취득하고, 시 도지사의 면허를 받은 조리사를 둔다.(식품위생법 제20조) 다만, 중소기업자가 운영하는 집단급식소는 그러하지 아니하다.(기업활동 규제 완화 특별조치법 제36조)

1) 취득방법

시 행 처 : 한국기술자격검정원(http://www.ktitq.or.kr)

관련학과 : 2년제 대학 이상의 식품영양학과 및 식생활학과, 조리 관련학과 등

시험과목

- 필기 : 1.식품위생 및 법규 2.식품학 3.조리이론과 원가계산 4.공중보건
- 실기 : 양식조리작업

2) 검정방법

- 필기 : 객관식 4지 택일형, 60문항(60분)
- 실기 : 작업형(70분 정도)
- 합격기준 : 100점 만점에 60점 이상
- 응시자격 : 제한없음

3) 출제경향

요구 작업내용 : 지급된 재료를 가지고 요구하는 작품을 시험시간 내에 1인분을 만들어내는 작업

주요 평가내용

- 위생상태(개인 및 조리과정)
- 조리의 기술(기구취급, 동작, 순서, 재료 다듬기 방법)
- 작품의 평가
- 정리정돈 및 청소

4) 필기시험 합격자 실기시험 접수방법

- 필기시험 합격(예정)자 응시자격서류제출 및 심사
- 필기시험 접수지역과 관계없이 공단 지역본부 및 지사에서 응시자격서류 제출
- 기술자격취득자(필기시험일 이전 취득자) 중 동일 또는 하위 등급(기술사, 기능장, 기사·산업기사에 한함)의 종목에 응시할 경우 응시자격 서류를 제출할 필요가 없음(단, 기술사, 기능장은 제외하며 동일직무분야만 인정)

5) 필기시험 면제자 실기시험 접수방법

대상자

- 이전 필기시험 합격자
- 필기시험이 면제되는 기능사 종목
- 국가기술자격법 시행규칙 제18조 필기시험 면제 대상자

실기시험 접수방법

- 이전 필기시험 합격자, 필기시험이 면제되는 기능사 종목 : 수험원서를 기재하여 접수

양식조리기능사 자격시험

- 국가기술자격법 시행규칙 제18조 필기시험 면제 대상자 : 공공기관은 해당 기관장이 확인한 서류로 학원 등 기타 기관은 위탁기관 및 해당기관장이 확인(자세한 사항은 공단 지역본부 및 지사로 문의)

6) 시험장에서의 주의사항

- 검정시설은 지정된 것을 사용하여야 하며 재료를 시험장 내에 지참할 수 없다.
- 장신구(시계, 반지, 팔찌 등), 매니큐어의 사용을 금하며, 조리복장을 단정히 한다.
- 시험 당일 정해진 시간 내에 도착하여 출석을 확인한 후 등번호를 받고 주의사항을 확인한 다음 본인 등번호와 같은 조리대로 이동하여 개인 준비물을 꺼내놓는다.
- 시험장 내에서는 정숙하여야 하며, 시험시작을 알리면 즉시 조리에 임한다.
- 조리기구(불, 칼, 기타 도구) 사용시 안전에 유념하고 특히 손을 다치지 않도록 주의한다.
- 요구 작품은 음식의 특성에 맞도록 조리하여 제한시간 내에 완성한 후 완료된 작품과 등번호를 감독위원이 지시하는 장소로 신속히 제출한다.
- 작품 제출 후에 본인의 조리 작업대를 깨끗이 청소하고 조리 기구를 정리정돈한 후, 감독위원의 지시에 따라 퇴장한다.

7) 조리순서 및 방법

- 조리도구의 효율적인 배열과 적절한 도구사용 및 조리 전에 꼭 손을 씻는다.
- 재료는 1회에 한하여 지급되며 재지급은 하지 않으므로 검정시행 시작 전 수검자가 사전에 지급된 재료를 검수하여 불량재료이거나 지급량이 부족한 경우에는 시험위원에게 통보하여 교환 또는 추가지급을 받도록 한다.
- 시험 요리명, 지급된 재료, 제한 시간에 맞는 작업 배분 : 불리거나 절이는 재료, 찌거나 데치는 음식, 조리 시간이 오래 소요되는 식품은 먼저 조리 작업을 한다.
- 2가지 시험 종목에서 중복되는 재료를 미리 용도별로 구분하고, 음식에 알맞게 전처리한 후에 조리 순서를 효율적으로 배분하고 위생적으로 조리한다.
- 불거나 마르거나 물이 생기는 음식은 제출시간에 알맞게 완성하여 형태와 색이 유지되도록 한다.
- 음식을 담을 때는 그릇에 물기가 없도록 하며, 사용된 식품의 종류가 보이도록 담아낸다.
- 가니쉬(Garnish)를 사용하는 음식은 완성된 요리를 그릇에 담은 후, 가니쉬를 얹어 제출한다.

8) 합격자 발표

수검원서를 접수한 한국기술자격검정원 각 지방사무소 게시공고 및 합격자 자동응답 안내

전 화 : ARS 060-700-2009

인터넷 : http://www.ktitq.or.kr

9) 최종 합격자 자격수첩 교부

실기시험 최종합격자는 수검표, 증명사진 1매, 소정의 수수료, 주민등록증을 지참하고, 수검원서를 접수한 한국기술자격검정원이나 지방사무소에 등록하여 자격수첩을 교부한다. 합격자 발표일로부터 60일 이내에 최종합격 등록을 하지 아니하면 합격이 취소된다.

10) 갱신등록

최초등록 또는 갱신등록 5년 후 60일 이내에 갱신등록을 하여야 한다.

참고문헌

김기영, 『주방 관리실무론』, 백산출판사, 2007.

김동섭 외, 『현대 서양조리 실무론』, 백산출판사, 2009.

김동일 외, 『서양조리』, 대왕사, 2008.

김미향, 『양식조리기능사』, 백산출판사, 2010.

배영희 외, 『식품과 조리과학』, 교문사, 2003.

박희준 외, 『서양조리』, 학문사, 2002.

안선정 외, 『조리원리』, 백산출판사, 2010.

안효기, 『디저트』, 교문사, 2010.

염진철 외, 『Basic Western Cuisine』, 백산출판사, 2010.

염진철 외, 『고급서양요리』, 백산출판사, 2004.

원홍석 외, 『호텔 · 레스토랑 식음료서비스론』, 백산출판사, 2008.

윤수선 외, 『주방관리』, 백산출판사, 2010.

이권복, 『조리이론』, 동일출판사, 2009.

이두찬 외, 『Western Cooking 서양요리』, 교문사, 2010.

임성빈 외, 『맛있는 이탈리아 요리』, 도서출판 효일, 2004.

진양호, 『만들기 쉬운 서양조리』, 지구문화사, 2009.

최수근, 『서양요리』, 형설출판사, 1993.

최수근, 『조리 실무론』, 대왕사, 2006.

최수근 외, 『고급서양요리』, 대왕사, 2008.

NCS를 기반으로 하는

서양조리 실무

2020년 7월 31일 개정판 2쇄 발행

저 자 이홍구

발행인 이윤화

발행처 (주)다이어리알

주 소 서울시 서초구 방배천로24길 15 시현빌딩

등 록 2009년 2월 19일 제320-2009-8호

전 화 02-536-4912

F A X 02-533-8075

www.diaryr.com

ISBN 978-89-98740-15-3

값 22,000원

저자와의 협의 하에
인지첨부 생략